I0154019

CENT ET UNE

FABLES

PAR

J. POISLE DESGRANGES.

PARIS

CH. PELLETIER, LIBRAIRE,　　　MADAME VEUVE SMITH,
Ancienne maison Deschamps,　　　Imprimeur-Libraire,
PASSAGE VIVIENNE, 5 ET 7.　　　RUE FONTAINE-AU-ROI, 18.

1852.

CENT ET UNE FABLES.

30,445

Typographie de Mme SMITH, rue Fontaine-au-Roi, 18.

la Sœur de Charité, ou les Sept Œuvres de miséricorde.

CENT ET UNE

FABLES

PAR

J. POISLE DESGRANGES.

PARIS

CH. PELLETIER, LIBRAIRE,	MADAME VEUVE SMITH,
Ancienne maison Deschamps,	Imprimeur-Libraire,
PASSAGE VIVIENNE, 5 ET 7.	RUE FONTAINE-AU-ROI, 18.

1852.

LIVRE PREMIER.

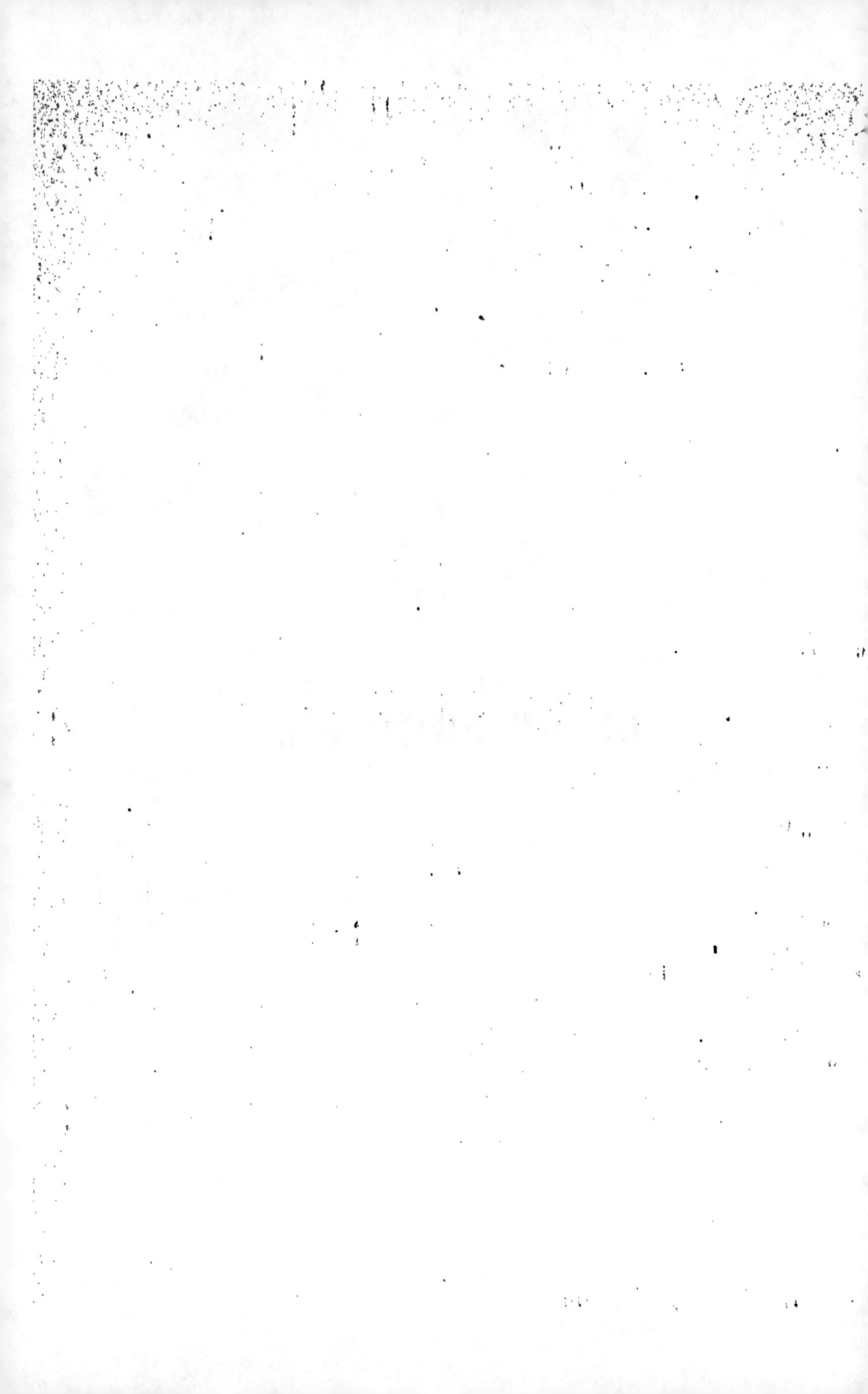

PRÉFACE.

Pomone ayant secondé Flore,
    Un arbre jeune encore,
    Pour la première fois,
Exposait quelques fruits suspendus à son bois.
Un voyageur lui dit : Courbe vers moi ta branche,
Je souffre de la soif, permets que je l'étanche.
L'arbuste lui répond : Non, mes modestes fruits
    Vous déplairaient peut-être.
    — N'importe, fais-les moi connaître
    Et je jugerai tes produits.

I.

L'ENFANT ET LA CHRYSALIDE.

Dans le parc de son père, au pied d'un peuplier,
  Un jour d'automne, un écolier,
  En soulevant le sable humide,,
  Trouva certaine chrysalide
  Dont l'aspect le surprit ;
Elle ne bougeait point au moment qu'il la prit ;
Son corps était glacé, sa couleur était noire,
Et sa pose annonçait le sommeil de la mort.
Notre écolier voulant s'instruire sur son sort,
La mit dans un coffret, puis en perdit mémoire.
Tout l'hiver s'écoula ; le printemps se montrait,
Quand l'enfant, sous sa main, rencontre le coffret.
Il l'applique à l'oreille... ô surprise ! ô prodige !
Quelqu'un a pénétré dans cet humble réduit ;
  On y remue, on fait du bruit ;
  C'est un insecte qui voltige.

Un joli papillon est éclos dans la nuit.
L'enfant ne sait comment expliquer ce mystère ;
     Il court questionner son père :
     — Mon fils, cet objet curieux
     Qui d'abord a frappé tes yeux,
N'était auparavant qu'une pauvre chenille.
Elle a rampé long-temps pour creuser son sillon ;
Devint nymphe, et ce n'est qu'aujourd'hui qu'elle brille
     Sous la forme d'un papillon.
Vois cet étroit linceul qu'il brisa de ses ailes :
Il semble, en s'éloignant, ne plus songer à lui,
Et n'attendre du Ciel qu'un doux rayon ait lui,
Pour s'envoler joyeux aux sphères immortelles.

A la terre, mon fils, tu dois aussi ton corps ;
Une tombe t'attend dans l'ombre et le silence ;
Mais d'un autre avenir ne perds pas l'espérance ;
L'homme, au jour solennel du jugement des morts,
Se dépouillant tout seul de ses langes funèbres,
Comme le papillon sortira des ténèbres.

II.

JUPITER ET LES ANIMAUX.

Jupiter assembla jadis les animaux,
Et comme ils se plaignaient de n'être point égaux,
Il voulut bien admettre un projet de réforme
Et s'établir leur juge. Alors le plus énorme,
L'éléphant comparut et parla de son mieux :
O toi ! qui fais germer le seigle dans la plaine,
Toi que l'on reconnaît pour le premier des dieux,
Apprends que ma puissance est un poids qui me gêne
    Et qu'elle me rend soucieux.
Je ne puis comme un autre habiter un domaine
Sans attirer sur moi la vengeance ou la haine ;
    Je ne suis pas maître en mes bois
    Et je crains le lion et le tigre à la fois.
    Las de moi-même, las du monde,
Je voudrais m'exiler sous la terre profonde.
Et le dis de bon cœur : je voudrais être rat.

— L'ingrat!

Repart soudain le rat irrité de colère;

Lui, qui pourrait sous ses piliers
Écraser des rats par milliers;

Lui, compagnon de l'homme et muraille de guerre,
Lui, que le Ciel combla de sa faveur entière,
Lorsqu'il est à vos pieds se plaint d'être trop grand...

Hélas! que ne suis-je éléphant?
Je bénirais ce sort prospère.

— Soit, répondit Jupin, votre maître est bon père.
Le serpent siffle alors, rampe, s'approche et dit:
Seigneur! vous le savez, la femme m'a maudit;
Je n'ose m'arrêter sous un rayon qui brille,

Et ma vie entière en dépend.

— A quoi sert la bonté? si pour elle on nous pend,
Réplique aussitôt le anguille;

Ma foi, vive, vive un serpent!
Quand on l'attaque il se défend.

Jupiter cède encore et chaque créature
S'en va chercher son élément.

L'escargot s'avança. — Quel est mon agrément?
Je nais captif et la nature

N'a voulu me donner qu'une écaille peu dure,
De sorte, hélas! qu'à tout moment

L'homme en posant son pied m'écrase ou bien me tue,
Et maison pour maison, mieux vaut être tortue.
La tortue, à son tour, déplorant son destin,
Dit : Celui qui m'a fait fit une gaucherie.
Je ne saurais courir au sein de la prairie
Et j'envie, ici-bas, le bonheur du lapin.
Le lapin devint taupe et la taupe belette ;
Quant à dame grenouille elle fut moins simplette :
Elle connut sa sœur, mais voulut être bœuf.
Enfin, tout, jusqu'au ver, l'abeille et la chenille,
Tout désira changer de race et de famille,
    Mais on ne créa rien de neuf.
Jupiter vit alors qu'il n'était point la peine
D'agrandir l'univers, ses mers et ses hauteurs ;
    Il conserva la même scène
    Pour le même nombre d'acteurs. —
Chacun change de rôle et non pas de conduite ;
Ce fut jadis ainsi, ce sera par la suite.
On a beau méditer des constitutions,
    Faire des révolutions,
Tout reste au même point, à cette différence
Que les lots bien souvent sont plus mal répartis.
Peu de grands sont heureux de revenir petits ;
Beaucoup de parvenus sont fiers de leur puissance.

III.

LE CHEVAL ET L'ANE.

Un pauvre limonier surchargé de litière,
S'indignait qu'un baudet osât le précéder.
— Un baudet! disait-il, me faire aller derrière!
Je ne saurai jamais à tant d'orgueil céder.
— Calme-toi, mon ami, lui répond un poëte
Que plus d'un passe-droit avait rendu savant;
Ce n'est pas seulement qu'à ta vieille charrette.
Qu'on voit marcher l'âne devant.

IV.

L'ÉDIFICE.

Autrefois régna dans Salente
Un prince dont l'humeur aimante
S'occupait d'adoucir la misère et les maux.
Ce prince en arrivant en Grèce
Voulut, sans qu'on le reconnaisse,
Visiter partout les travaux.
On lui montra d'abord les beautés de la ville :
Les places, les palais, les jardins d'agrément ;
Mais devant les grandeurs il restait immobile
Et ne songeait qu'au peuple. Un vaste bâtiment
Frappa seul ses regards. — Quel est ce monument
Dont les murs s'élèvent de terre ?
Demanda-t-il alors ; serait-ce un monastère ?
— Non, sire, répondit un de ses courtisans :
C'est la prison d'État destinée aux méchants.

Votre prédécesseur conçut cette œuvre immense,
    Et sous votre ère elle commence.
— C'est bien, reprit le roi, sans paraître surpris ;
    Mais d'où vient que dans ce pays
On n'ait pas eu dessein de construire un hospice ?
— Sire, il est vrai qu'on voit beaucoup de malheureux,
    Mais on n'a rien bâti pour eux.
— Laissons donc, dit le roi, le soin à la justice
    De loger les méchantes gens ;
Quant à moi, je fais vœu que pour les indigents
    J'achèverai cet édifice.

La Canne et le Parapluie.

V.

LA CANNE ET LE PARAPLUIE.

— Ah ! combien tu m'es cher, combien tu m'es utile !
    Disait un jour un citadin,
    Au parapluie humble et docile
    Qui l'abritait dans le chemin.
Sans toi, j'eusse gardé le logis ce matin,
Ou reçu sur le dos cette averse qui tombe.
    J'eusse gâté tous mes effets ;
J'eusse gagné du rhume et peut-être la tombe,
Tandis qu'en ce moment je ressens tes bienfaits.
    Va ! je ne t'oublirai jamais.
Bientôt le temps est calme et nul ne le redoute ;
    Le citadin rentre chez lui.
Il change de chaussure et délaissant celui
Que naguère il avait vanté durant la route,
Il prend certain bambou qui s'offre par hasard.
— Maître, s'écrie alors le dévoué riflard,

Permettez qu'avec vous je sorte
Et ne bravez pas l'horizon.
— Merci, dit une voix, puis on ferme la porte.
— M'abandonner ainsi! Quelle en est la raison?
Nous verrons si demain il agira de même.

Le jour suivant, il ne tomba point d'eau.
L'homme reprit sa canne, et comme il faisait beau
Il en fit autant le troisième.
Pour le coup, mons Riflard ne peut se contenir;
De son service il craint qu'on perde souvenir
Et se fâchant : Hélas! ce n'est plus moi qu'on aime,
Car on préfère ce bambou.
La canne lui dit : Pauvre fou,
Ton aveuglement est extrême
De croire bonnement qu'on ne songe qu'à toi.
N'as-tu pas aperçu le soleil qui rayonne?
Que ferait-on de ta lourde personne
Sous un beau ciel d'été? Tu t'égares, crois-moi,
Et seule j'ai le droit d'aller en promenade ;
Mais, en tout cas, mon camarade,
Apprends, et cet avis me perd :
Qu'on n'estime les gens qu'autant que l'on s'en sert.

VI.

LE MOINEAU ET L'HIRONDELLE.

Une douce hirondelle, hélas !
Avec un moineau franc furent pris dans des lacs,
    Et l'oiseleur les mit en cage.
    Une hirondelle, quel dommage !
    Ah ! pourquoi la priver du nid
    Qui fut son modeste héritage ?
    Du nid que le temps rembrunit
Et qu'elle aime à revoir en visitant la plage.
Pourquoi ?... Mais la pitié ne fait pas d'oiseleurs.
    La pauvrette entendant ses sœurs
    Qui du pays partent sans elle,
    Les suit des yeux sous l'horizon.
Tantôt pressant son corps ou déployant son aile,
    Elle s'abîme en sa prison,
Et, ne pouvant répondre à la voix qui l'appelle,
    Elle fait un dernier effort :

Sur son grillage l'hirondelle
S'élance... et se donne la mort.
Le moineau la regarde et déplorant son sort,
Ainsi que son peu de courage,
Il saisit dans son bec le barreau le moins fort
Qui le retient dans l'esclavage :
Il l'écarte... il l'écarte et trouve enfin passage.

Jamais dans le malheur n'invoquons le trépas,
La présence d'esprit sauve d'un mauvais pas.

VII.

LE JARDINIER

ET LES MAUVAISES HERBES.

Gros-Jean visitant son jardin
Aperçoit du réveil-matin.
Il pouvait l'extirper sans peine,
Mais qu'avait-il besoin
De se donner ce soin?
Il compte sur l'hiver et sur sa froide haleine
Et s'en allant rentrer du foin,
Aux herbes il laisse la vie.
Deux jours après, voilà que paraît une ortie.
Notre homme passe encore et la voit en chemin.
— Moi, me baisser, dit-il, pour me piquer la main?
J'ai bien le temps de m'en défaire;
Elle est jeune et c'est la première;
Une ortie, après tout, peut s'arracher demain.
Or différant toujours de la même manière,

A côté de l'ortie arrive le chiendent,
Le pissenlit, la ronce, et chacun porta graine.
Gros-Jean comprit alors qu'il fut trop négligent.
Il court chercher sa bêche et le travail l'entraîne ;
    Il sue, enrage en labourant ;
    Mais sa fatigue est inutile,
Pour cent herbes de moins qu'il ôte en les nombrant,
    La pluie en fait naître dix mille.

Que de choses l'on peut changer à moins de frais,
    Quand on s'y prend dès l'origine.
Il n'est plus temps alors que l'herbe a pris racine
De vouloir arrêter le mal et ses progrès.

VIII.

LE PAPILLON ET LA SENSITIVE.

Un papillon fendant la nue
Pour voltiger de fleur en fleur,
Suspendit un moment son vol et son ardeur
Auprès d'une plante inconnue.
— Permets-moi, lui dit-il, vaincu par la chaleur,
De reposer sur toi mon aile fatiguée.
J'ai parcouru les prés, les bois et les vallons,
Et n'ai pas rencontré, dans tous les environs,
De fleur qui soit si distinguée.
— Éloigne-toi de moi, papillon inconstant,
Je suis d'autre pays, je suis la sensitive
Craintive
Qu'un rien peut flétrir à l'instant,
Je ne saurais porter le bout de ton antenne,
Tout m'offense, m'irrite et ton contact me gêne;
Je frissonne au toucher de la plus blanche main

Et ne puis endurer le moindre souffle humain.
— Ah ! dit le papillon, que je vous plains, ma chère !
    Et combien vous devez souffrir !
Quand on est ainsi faite, il vaudrait mieux mourir,
Ou retourner chez soi pour vivre solitaire.

    Trop de susceptibilité
    Nous ôte l'amabilité.

IX.

LE RENARD

QUI PRÊCHE LE PARTAGE DES BIENS.

Un renard qui rêvait une ère égalitaire,
    Ne voyait que larcin ou dol
    Sur la surface de la terre,
Et fut assez hardi pour dire un jour en chaire :
    La propriété n'est qu'un vol.
Ce discours lui valut de son aréopage
    Un bruyant applaudissement ;
Mais à quoi bon parler aussi légèrement
    A la veille d'un héritage ?
C'est qu'on ne peut avoir tous les dons en partage
Et que tel orateur n'est pas toujours devin.
Or, pour en revenir au lot du personnage,
    J'atteste que certain lapin
Lui légua son terrier, plus un riche butin.
La nouvelle était sue et la troupe fidèle
Accourt féliciter le renard sans modèle,

Qui, joyeux, s'apprêtait à faire un bon festin.
L'insolent les reçoit sans façon à la porte.
    — C'est donc ainsi qu'on se comporte?
    S'écrient alors les animaux ;
Frère, n'oubliez pas que nous sommes égaux.
— Non pas, messieurs, non pas, je suis propriétaire.
— Osez-vous l'avouer? — Hé ! pourquoi donc le taire ?
    Puisque je jouis de mon bien.
    — Vous jouissez ! et le partage ?
— Fi ! les jaloux, dit-il, on voit bien qu'ils n'ont rien.
    Ils ne tiendraient pas ce langage.

X.

LE HANNETON ET LE LAMPYRE.

Suis la raison, ami, suis-la sans t'enquérir
Si ce n'est que pour toi que j'ai su l'acquérir.

    Un soir d'été, brillant lampyre
    Dans un ruisseau se laissa choir.
    Un hanneton courut le voir
Et lui dit : Que fais-tu du flambeau qui m'attire,
Si tu n'as pas l'esprit d'en savoir profiter ?
— Peu t'importe ma faute, et pourquoi m'insulter ?
Répond le ver-luisant à l'insecte vulgaire :
    Ne vois-tu pas que je t'éclaire ?

XI.

LE MENDIANT ET LE VOLEUR.

La bise fortement soufflait,
Et dépourvu d'habits, au pied d'une masure
Un mendiant tremblait.
Un voleur l'aperçut dans cette humble posture
Et soit qu'il fût humain, tout brigand qu'il était,
Ou qu'il cédât à la nature,
Le fait est qu'il lui jette une robe en passant.
Mais le pauvre remarque une tache de sang.
— Reprends ce don, je t'en conjure,
J'appréhende bien moins le froid qu'une souillure.

XII.

LA STATUE ET LE PIÉDESTAL.

Non loin de l'Egypte brûlante,
De ce vaste désert où le sable mouvant
Renferme dans son sein mainte pierre imposante,
    Il s'est passé le fait suivant :
Une antique statue, alors humiliée,
    Gisait dans la fange oubliée.
    A quelques pas était debout
    Un piédestal de simple goût.
Il s'estimait heureux de son peu d'élégance
Et de sa liberté faisait un cas immense,
Quand la statue, un jour, vint troubler son repos.
— Ami, je vous rencontre ici fort à propos
    Pour vous faire une confidence.
    Demain j'acquiers de la puissance
Et sur un piédestal on doit enfin m'asseoir !
Quel autre mieux que vous pourrait me recevoir ?

3.

Vous brillez de travail, de grâce et de sculpture,
Et je vous ai choisi pour être ma parure.
L'obligeant piédestal, accédant à ses vœux,
Élève sur son front ce bloc volumineux...
Hélas ! il sent bientôt son état de faiblesse ;
  A son tour au marbre il s'adresse
Et le prie à regret, sous le poids du malheur,
De ne point accabler un pauvre serviteur.
   Mais, sourde à sa supplique,
Notre statue alors froidement lui réplique :
J'ai recouvré le rang qui jadis m'était dû.
Me porter est ton lot, m'abattre est défendu.
   Puis l'ingrate levant la tête
    Ne songea plus à lui
    Et se fit une fête
    D'affaisser son appui.

Chacun veut s'élever dans le siècle où nous sommes ;
  Les plus petits ont leurs tréteaux,
Et le talent des grands est de trouver des hommes
  Qui leur servent de piédestaux.

XIII.

L'ANE DU MEUNIER THOMAS.

Chargé de sacs de blé, tous les jours un ânon,
    Qu'il vente fort, qu'il pleuve ou non,
    D'un pas nonchalant et docile
Allait vers le moulin qui dominait la ville.
Cet âne n'était pas un âne ambitieux,
    Et jamais la moindre apostrophe
Pour accuser le sort, la nature ou les cieux,
Ne sortait de sa bouche; il était philosophe.
L'avenir cependant quelquefois l'occupait;
Il désirait savoir, si la mort le frappait,
Comment maître Thomas, sans trop de sacrifices,
    Se passerait de ses services.
— Depuis dix ans c'est moi, disait l'âne sans frein,
Qui seul ai transporté la farine et le grain,
Et j'en ai tellement contracté l'habitude,
Qu'aveugle on me verrait retrouver le moulin

Et montrer la même aptitude.
Il avait cette certitude
Lorsqu'un matin, hélas ! déviant du chemin
Il roule... et disparaît au bas de la colline.
Le meunier regretta son pauvre maigrelet,
Mais il ne manqua pas de porteurs de farine ;
Faute d'âne, il eut un mulet.

Oh ! vous, vieux routiniers qui dans un ministère
Occupez un modeste emploi,
Ne dites plus tout haut : Que fera-t-on sans moi ?
Les choses en tout temps vont leur train ordinaire.

XIV.

LE VENT ET LA FUMÉE.

L'aquilon enflé de courroux
Mugissait contre la fumée.
— Contemple ta vapeur par moments enflammée,
La vois-tu se rabattre en flocons noirs et roux,
Pour profaner les fleurs et charger l'atmosphère ?
Je suis outré du mal qu'en tous lieux tu sais faire,
— Tais-toi ! dit la fumée au vent capricieux,
Toi seul es coupable, mon frère.
Pourquoi m'abats-tu sur la terre,
Quand tu peux me guider aux cieux ?

L'homme à cette fumée en tout point est semblable ;
Le vent est son esprit méchant ou secourable.

XV.

L'ENFANT ET L'AVEUGLE.

Mère, n'écoutons pas cet aveugle qui chante ;
Il a toujours même refrain
Et son cri lamentable est sombre et m'épouvante.
— Mon fils, sois plus humain,
Ne fuis point ce vieillard et près de moi demeure ;
S'il cherche à t'égayer alors que sa voix pleure
En répétant : J'ai faim !
Crois-moi, cours lui porter ton pain,
Il chantera mieux dans une heure.

XVI.

LE LÉOPARD.

Le lion étant mort, un jeune léopard
Fut celui qu'on nomma sultan de la contrée.
Il fit, suivi des siens, sa triomphale entrée
Au milieu des hourras, des cris de toute part;
C'était à qui viendrait saluer son passage,
A qui d'un grain d'encens lui porterait l'hommage,
Et cela dans l'espoir d'obtenir quelque emploi,
Car de tout courtisan l'intérêt est la loi.
Un renard peu disert, mais expert dans le vice,
        Du sultan s'approche à son tour
        Et pour mieux lui faire sa cour,
Blâme du roi défunt mainte et mainte injustice
Que l'on fit sous son règne et par sa volonté.
        C'était un prince déhonté
Qui ne se complaisait qu'au milieu de victimes;
        Il a commis nombre de crimes,

Et quand ce tyran trépassa,
Sa langue dans le sang aussitôt se glaça.
Dès que le léopard eut ouï la tirade,
Il rompit brusquement. Lors remarquant un chien,
    Qui par respect ne disait rien,
Il l'interroge : Et toi, mon camarade,
Ne saurais-tu m'apprendre aussi quelques méfaits ?
Parle-moi du lion. — C'est lui que je servais,
Répondit l'animal, et mon cœur le regrette.
J'ignore s'il a fait les choses qu'on lui prête,
    Car je l'aimais.
    A cet aveu tendre et sincère,
On crut que le sultan se mettrait en fureur ;
    Mais il arriva le contraire.
— J'estime plus, dit-il, l'aveugle serviteur
    Qui ne consent pas à m'instruire,
    Qu'un clairvoyant accusateur
Qui me montre après nous comment on nous déchire.

XVII.

LES GEAIS ET LE ROSSIGNOL.

Un petit rossignol, sans parents, sans asile,
 Fut recueilli par des geais d'alentour
  Qui prirent soin de leur pupille
  Et lui vouèrent leur amour.
— Qu'il est mignon! disait chacun avec emphase.
  Voyez donc, il ne souffle mot!
Et mes geais semblaient fiers et restaient en extase,
  En pensant qu'il serait un sot.
  Mais, pour décevoir leur attente,
  Un beau jour le rossignol chante.
On l'écoute, on le siffle, un vieux geai le poursuit
  Et bientôt la troupe le fuit.
Seul, dans les bois, alors l'imprudent se retire;
Mais il était trop tard lorsqu'il se repentit.
  Quelqu'un a cru l'entendre dire :
  Pour plaire aux grands restons petit.

XVIII.

LES DEUX LOUPS.

Gardez-vous de manger de paisibles agneaux,
Disait un loup caduc à son plus jeune frère.
　　A tous vos mets, moi je préfère
　　L'herbe qui croît sur les coteaux.
　　—Mon cher, vous vivez comme un sage,
　　Lui repart l'autre, et je comprends
　　Que l'on moralise à votre âge.
Je ferai comme vous lorsque la faux du temps
　　M'aura brisé toutes les dents.

XIX.

LE POISSON QUI DEMANDE LA POÊLE.

Certain gourmand, mais pauvre sire,
Ayant surpris dans ses réseaux
Une carpe avec des carpeaux,
Résolut de les faire frire.
Hélas! pour tout bien il n'avait
Qu'une vieille marmite en terre.
C'est dans ce vase qu'il les met,
Non sans exciter leur colère.
— Quoi! dit soudain un carpillon,
C'est dans une marmite obscure,
Qui sent encore le Bouillon,
Que nous irons tous? Quelle injure!
Pour moi, je refuse le saut,
Si la poêle nous fait défaut.
— Ta vanité, répond la mère,
Follement te fait discourir;

A quoi bon choisir la matière
Du vase où nous allons mourir?
Ah! qu'importe que la marmite
Soit d'argile, d'airain ou d'or,
Lorsque l'on sait qu'au dernier gîte,
Le luxe est payé par la mort.

XX.

LE SINGE SAVANT.

Un montreur d'animaux qui courait les provinces,
Sur les tréteaux mal joints d'un théâtre ambulant,
De ses bêtes, un jour, exposait le talent.
    C'étaient des chiens vêtus en princes
    Qui se donnaient du mouvement;
Puis un ours, à son tour, qui dansait lourdement,
Et la foule riait de leur humeur bouffonne.
Un singe qui jouait le rôle de baronne,
    Se rappelant dans le moment
    Qu'il est à jeun depuis la veille,
S'approche du public et portant bas l'oreille :
    — Messieurs, dit-il aux curieux,
    Je suis flatté que l'on m'admire,
Mais sachez que celui qui s'amuse le mieux
    N'est pas celui qui vous fait rire.

———

XXI.

LE MANTEAU DE LA FORTUNE.

Dame Fortune un jour faisant mainte largesse,
Donna sur son chemin le manteau qu'elle avait.
Un homme aussitôt s'en revêt;
Mais ne connaissant pas le prix de la richesse,
L'emploi d'un tel présent lui paraissait nouveau.
La déesse lui dit : Songe à la bienfaisance :
Au timide orphelin qui vit sans espérance,
Offre un abri sous ton manteau.

LIVRE DEUXIÈME.

I.

L'HOMME ET LA BELETTE.

Phèdre dans ses écrits raconta le premier
Que, par certain fermier,
Une belette un soir fut prise
Dans un grenier.
— C'est donc vous, mal apprise,
Qui saccagez ma paille et dispersez mon grain?
Je vous y trouve enfin !
Et vous allez payer le dégât que vous faites.
— O cruel que vous êtes !
Répond la bête au museau fin :
Vous voulez m'arracher la vie,
Et de vous nuire, hélas! je n'eus jamais envie,
Car en ces lieux je sommeillais.
— Vous dormiez, il se peut; mais à dormir, belette,
On n'est pas, comme vous, si grasse et rondelette.
Vous périrez, vous dis-je, et je vous surveillais.

— Seigneur, épargnez-moi, reprend notre hypocrite ;
    Quand vous connaîtrez mon mérite,
Vous m'apprécirez mieux ; en voici la raison :
C'est moi qui chaque nuit purge votre maison
Des rats et des souris qui troublent votre tête ;
Je les traque, les mange et suis toujours en quête
    Pour découvrir quelque insolent.
Jugez, dit-elle avec un air simple et dolent,
Si je me suis montrée en tout point serviable.
    — Vous parlez bien, ma tout aimable,
Et de vous maltraiter j'ai les plus vifs regrets ;
    Mais si ceux-là que vous guettez de près
Ne fournissaient, ma mie, à votre subsistance,
Vous ne prendriez pas, en cette circonstance,
    Si chaudement mes intérêts.

C'est ainsi que des gens se vantent de services
Dont ils ont su tirer maints secrets bénéfices.

II.

LE SOC ET LE GLAIVE.

Le soc d'une charrue, en sillonnant la terre,
        Rencontre un glaive d'or.
    — Holà ! respecte un preux qui dort ;
J'attends pour m'éveiller le signal de la guerre.
— Te respecter ! répond le soc avec colère :
Crois-tu que j'oubliai tout le mal que tu fis,
Alors que tu foulais le sol et ses épis ?
Penses-tu m'arrêter ainsi que la nature ?
N'y songe pas ! Jadis, si tu guidais les rois,
Tout a changé d'aspect et j'ai repris mes droits :
Laisse donc maintenant régner l'agriculture,

III.

LE MORIBOND ET SON FILS.

A son lit de douleur, certain octogénaire
Fit appeler son fils, unique légataire :
Mon enfant, lui dit-il, viens me serrer la main ;
       Peut-être que demain
     Tu ne reverras plus ton père !
    Je t'afflige, et de ta paupière
Des larmes ont déjà devancé mon départ.
Calme-toi ! J'ai besoin de te parler à part :
Jusqu'ici tu m'as cru sans la moindre pécune ;
Je te trompais, mon fils, car j'ai de la fortune,
Et dans la cheminée, en un grand pot de grès,
Tu trouveras de l'or..... de l'or qui sut me plaire
     Et que je laisse sans regrets.
— O merci ! mais comment avez-vous donc pu faire
Pour amasser cet or ? — Hélas ! je n'en sais rien.
— Vous le savez pourtant. Vous légua-t-on du bien ?

— Non pas!... J'étais très économe ;
J'obligeais mon prochain par quelques prêts d'argent,
 Et je n'exposais point de somme
 A moins de dix ou vingt pour cent.
— Mon père!... — Paix, mon fils! soyez reconnaissant,
Car je l'ai fait pour vous,..... Il règne un froid silence,
Et du vieillard souffrant sonne la délivrance.
Le jeune homme aussitôt consulte des écrits,
Enlève le trésor et parcourt le pays ;
 Puis s'exprimant d'une voix haute :
 Artisans! laboureurs!
Dans vos comptes, mon père, et ce n'est pas sa faute,
 A commis des erreurs
 A votre préjudice ;
Cet or vous appartient ; vous le rendre est justice.
Il dit, et rien n'est plus en sa possession.
Un témoin approuva cette noble action ;
Mais voyant l'héritier dépourvu de ressource,
Il regrettait qu'il eût remonté vers la source
 Du bien qu'il pouvait acquérir.
— Ah! ne me blâmez pas d'avoir fait ce partage :
Il me reste l'honneur ; que faut-il davantage?
Si pauvre je suis né, pauvre je veux mourir.
Je n'ai pas à juger mon père ou sa faiblesse ;

En rendant à chacun le dépôt qu'il me laisse,
C'est un devoir sacré que je viens d'accomplir.

Tout gain que l'on n'obtient qu'à l'aide de bassesses
N'est plus un lucre alors; il faut le renier.
Tâchons, mortels, tâchons qu'à notre jour dernier
Nos fils ne puissent pas rougir de leurs richesses.

IV.

L'ANE ET LA TOQUE.

Un âne dans un pré paissant à l'abandon
    Trouva, je crois, sur un chardon,
    Le bonnet que perdit un juge.
Il était de bon goût, mon docteur se l'adjuge ;
Puis, coiffé de la sorte, il s'en va sans façon
S'offrir aux animaux pour qu'on lui rende hommage.
Chacun riait tout bas du nouveau personnage
Et l'on se proposait d'éviter sa leçon,
    Lorsqu'un gros chien prit la parole.
— Nous ne pouvons, ami, vous traiter de savant,
Car jamais vous n'avez été dans une école.
Dites-nous, s'il vous plaît, où le savoir se vend ?
— Bravo ! bravo le chien ! s'écria l'auditoire.
Mais l'âne avec sang-froid montrant sa toque noire,
Leur répond : J'avais cru l'orateur moins benêt ;
Sachez que l'esprit vient quand on a le bonnet.

V.

LA FLEUR DESSÉCHÉE.

Une fleur manquait d'eau, de soutien et d'ombrage.
Un arrosoir se penche et pleure dans son sein ;
La plante renaissait lorsqu'un fougueux orage
S'élance de la nue avec même dessein.
O rencontre ! il abat la fleur sur son passage.

Les dons mal répandus ont de tristes effets ;
Ne faisons pas sentir le poids de nos bienfaits.

————

Le Jardinier et le Rosier.

VI.

LE JARDINIER ET LE ROSIER.

C'est quand un arbre est jeune et tendre
Que l'on parvient à le plier.
Ainsi donc et sans plus attendre,
Tu pliras, mon cher fils, disait un jardinier
Qui courbait avec force un fragile rosier.
Je t'aime
Et veux aujourd'hui même
Que ton bois vert et tortueux
Devienne, entre mes mains, droit et majestueux.
L'arbuste allait parler, lorsqu'un tuteur sévère
Se place à ses côtés et l'oblige à se taire.
De plus, le jonc l'entoure et lui serre le corps;
L'arbre résiste et le jonc casse.
Mais notre jardinier nullement ne se lasse;
Il redouble aussitôt d'efforts
Et d'un triple jonc il l'enlace.

Le rosier cède cette fois,
Mais il se brise en deux endroits,
— Malheureux, qu'ai-je fait? dit l'homme avec surprise.
Le rosier lui répond : Souffrez qu'on vous instruise.
Vous avez fait, hélas ! comme certains parents
Qui, pour corriger leurs enfants,
Emploient les coups et la rudesse,
Et vous n'avez point pris pitié de ma faiblesse.
Vous eussiez obtenu la chose avec le temps,
En déployant un peu d'adresse,
Au lieu que je péris sous vos doigts imprudents.
Ce n'est pas en une heure, en un jour qu'on redresse
Et les rosiers et les enfants.

VII.

LES FOUS.

Un prince eut le désir d'interroger les fous
Que retenaient captifs les prisons de Bicêtre,
  Et leur dit : Je voudrais connaître
  Le plus lucide d'entre vous ;
  S'il parle sans effervescence,
  Je lui promets l'indépendance.
— C'est moi ! crie aussitôt un jeune échevelé,
Qui semblait soucieux dans un coin isolé.
D'un poëte, ô grand roi ! daignez savoir l'histoire ;
J'ai dit la vérité, nul n'a voulu la croire,
Et pour prix de mes vers, de veilles, de travaux,
Le ministre d'alors, écoutant mes rivaux,
Me fit incarcérer sans lire le volume
Dans lequel j'ai prouvé que le serpent Python
A péri sous mes traits, car je suis Apollon...
— Sire, vous le voyez, son orgueil le consume,

Reprit un paisible vieillard ;
Il mérite son sort et doit vivre à l'écart ;
Trop d'efforts de génie ont pour but la démence,
Et seul j'ai quelques droits à votre bienveillance.
— J'approuve, dit le roi, ta modération,
Et tu viens de parler avec réflexion.
J'ai hâte de savoir la cause de tes peines.
— Hélas ! de sacs d'écus j'avais mes caves pleines,
Et de nombreux trésors j'étais l'heureux gardien,
Lorsqu'un âpre neveu, pour jouir de mon bien,
Sut me faire interdire en reniant, l'infâme,
Que moi je suis Plutus et mon argent mon âme.
— Lui, Plutus ! C'est un fou, prince, il est tout jugé,
Interrompit alors un quidam moins âgé ;
Et, si j'aimais à nuire aux gens de son espèce,
Je l'aurais confondu, car je suis Jupiter.
— Très bien, messieurs, très bien, au revoir, je vous laisse ;
J'ai visité l'Olympe et j'entrevois l'Enfer.
　　　Vous possédez tous la sagesse,
　　　Et, puisque vous êtes des dieux,
Tâchez sans mon secours de sortir de ces lieux.

Notre cercle présente un pareil assemblage,
Chacun rit du voisin et se croit le seul sage.

VIII.

LA TOUR ET LE LIERRE.

Une tour fort antique, aux flancs volumineux,
S'élevait jusqu'au ciel d'un air majestueux.
Le lierre avait grandi, protégé par son ombre,
Et ses rameaux touffus, repliés et sans nombre,
Tapissaient son long corps et son front lézardé.
La vieille tour, un jour, s'écroula sur la place,
Avec l'arbre grimpant qui s'était hasardé
    A la suivre aussi dans l'espace;
Mais le lierre encor vert sous les pierres rampant,
Sur la tour en débris reparut comme avant.

Un intrigant succombe... ah! cessez de le plaindre,
    S'il reste un instant sans appui;
Comme le lierre il sait ramper pour mieux atteindre,
Et profiter plus tard des ruines d'autrui.

IX.

LE SERIN ET LE CHARDONNERET.

Un jeune canari s'ennuyait dans sa cage.
— Vivre seul, disait-il, au sein de l'esclavage ;
          Vivre seul, ô douleur !
N'avoir pas un ami pour épancher son cœur.
S'endormir sans témoin, se réveiller de même,
Et bannir de son chant le mot qui dit : Je t'aime !
          N'est-ce pas mourir de langueur ?
Si j'avais seulement un compagnon d'enfance,
          Il m'égaîrait par sa présence
Et j'aurais du plaisir à moduler des airs.
L'écho répéterait nos gracieux concerts ;
Tout serait en commun dans le lieu que j'habite ;
Puis l'appétit renaît quand l'amitié l'excite.
          Dans le moment qu'il soupirait
          En déplorant son existence,
Une main délicate aussitôt apparaît

Et laisse à découvert un beau chardonneret
Qui, près du prisonnier, dans la cage s'élance.
Le serin, stupéfait, l'examine en silence,
Et l'on s'attend qu'il va voler vers l'inconnu.
Point du tout; il s'éloigne et semble retenu
      A son grillage.
    S'il est contrit, bouffi d'orgueil,
     C'est qu'il a vu d'un mauvais œil
Que du chardonneret plus vif est le plumage.
    Ce motif le rend effaré;
Il craint que son rival ne soit le préféré,
Et chaque pas qu'il fait irrite sa prunelle.
     S'il mange, il le poursuit,
S'il chante, il le fait taire en redoublant de bruit.
    Enfin, il lui cherche querelle;
    Son bec s'entr'ouvre, il traîne l'aile;
De son étroit gosier sort des cris de terreur.
On croirait qu'il s'essaye à peindre la fureur
Que ressent bien souvent un frère contre un frère,
    Que l'intérêt rend inégaux,
Lorsqu'il s'agit d'avoir quelque quartier de terre
    Ou la maison de leur vieux père.
    Mais retournons à mes oiseaux
    Qui sont restés sous les mêmes barreaux.

On prit le parti salutaire
De remettre à part l'un des deux.

Pour son propre bonheur on se cherche en tous lieux.
On se voit; mais le monde, hélas! ne s'aime guère.
Tant qu'il existera des jaloux sous les cieux,
On entendra des cris de guerre.

X.

LE VIEUX SAULE ET L'ORMEAU.

Que la vieillesse est donc peu sage!
Disait l'orme naissant au saule atteint par l'âge.
Quoi! toujours demander un an de plus au sort.
Y penses-tu? ton corps n'a plus qu'un seul branchage
Dont l'extrémité sombre attire à lui la mort.
— Je le sais, répond l'arbre, et j'attends en silence
     Le terme de mes maux.
Je le sais! Mais prends garde au souffle qui balance
Ton faîte glorieux et tes faibles rameaux.
— Et toi, pauvre caduc, crains les coups de la hache!
A t'entendre, on croirait que tu veux que l'on sache
Qu'au bûcher l'on conduit aussi beaucoup d'ormeaux.
— J'ai dit, reprend le saule, et voilà ma sentence.
En effet, du zénith, une trombe s'avance;
Elle entoure l'arbuste, et tout nu l'arrogant
Tombe aux pieds du vieux tronc qui brave l'ouragan.

XI.

LES MONTRES.

Des montres qui cheminaient
Ensemble s'entretenaient
Sur leur secrète origine.
L'une disait : J'imagine
Que le hasard ici-bas
Fait tourner notre machine.
L'autre : Qu'il ne fallait pas
Approfondir ce mystère.
— S'il existe un moteur, que ne se fait-il voir?
Murmurait la troisième. Il ne devrait pas taire
Qu'il est notre architecte et qu'il a tout pouvoir.
Une voix aussitôt à leurs discours mit trève
Et répondit : Votre auteur
Est peut-être à Paris, est peut-être à Genève;
Mais vous avez un créateur.

XII.

L'ENFANT ET LES OISEAUX.

Un élève et son précepteur,
Un jour d'hiver étaient en plaine.
L'enfant voit des moineaux qui cherchaient, non sans peine,
A se pourvoir de mil. Le jeune bienfaiteur
Leur émietta du pain qu'il tenait dans sa poche.
Ils étaient satisfaits, lorsqu'un pigeon s'approche.
    Alors l'enfant parut rêveur.
    — Monsieur, lui dit l'instituteur,
En prenant doucement sa main trop libérale,
    Il est beau d'être généreux
Et d'employer son temps à faire des heureux;
    C'est un plaisir qu'aucun n'égale;
Mais il faut réfléchir tout en faisant le bien.
Vous le voyez, hélas! ce pigeon vous implore,
    Il attend... et vous n'avez rien!
Car vous ne pensiez pas qu'il fût possible encore

Qu'un être humble et souffrant vînt s'offrir à vos yeux.
        Le repousser est triste chose;
Il est toujours cruel, et n'importe la cause,
        De refuser un malheureux.

XIII.

LE BERGER ET SON CHIEN.

Basile, fatigué d'enfler ses chalumeaux,
S'étend sur ses habits à l'ombre des ormeaux ;
Puis à son chien docile abandonne la garde
  De ses brebis, de ses agneaux.
D'abord le bon Fidèle en silence regarde
L'abdomen agité de son maître endormi ;
Mais voyant tout-à-coup passer un vieil ami,
Le chien oublie alors sa consigne et son poste,
  Et court vers l'autre qu'il accoste.
On se parle... on fait route... enfin on disparaît ;
  Troupeau fera ce qui lui plaît.
Ce départ est un jeu pour les bêtes à laine ;
Les agneaux étant seuls bondissent dans la plaine.
Les uns tombent dans l'eau ; d'autres dans les forêts
Vont chercher le trépas près des loups aux aguets.
Basile, au bout d'une heure ayant levé la tête,

S'éveille et pour bâiller nonchalamment s'apprête ;
Il se frotte les yeux ; mais que voit-il en l'air ?
Son dernier mouton gras qu'un puissant aigle emporte.
     Son malheur était clair.

Ayons foi dans autrui, sans agir de la sorte ;
     Trop de confiance nous perd.
Dormons, mais il est bon d'avoir un œil ouvert.

XIV.

LE CHÊNE ET L'ÉGLANTIER.

Un chêne usurpateur maudissait un nuage
Qui lui cachait un peu les rayons du soleil.
— Tu murmures à tort, dit un rosier sauvage ;
    Car l'épaisseur de ton feuillage
    Me fait souffrir un mal pareil.
— Il est vrai ; mais ici chacun songe à ses peines,
    Et toi-même tu ne vois pas
La tige du fraisier qu'en ce moment tu gênes
      Plus bas.

Du rameau verdoyant jusqu'à la branche morte,
Chacun projette une ombre, elle est plus ou moins forte.

XV.

LES DEUX PÈRES DE FAMILLE.

Deux frères avaient des enfants
Qu'ils instruisaient à part, chacun à sa manière.
        C'est ainsi que fait chaque père;
Il agit pour le bien ; mais quand les siens sont grands,
Souvent il s'aperçoit qu'il aurait pu mieux faire.
Or, l'un des deux parents, c'était le frère aîné,
Avait horreur du crime, et lorsqu'un condamné
Expiait ses forfaits sous le tranchant du glaive,
Il conduisait son fils vers la place où s'achève
        Ce spectacle sanglant.
        Là, le vieillard à son enfant
Adressait un discours dénué d'éloquence,
Mais que tout honnête homme a dans sa conscience.
Rentré chez lui, venait encor mainte leçon
        A l'appui du sermon.
Bref, pour prix de ses soins, ainsi que de ses peines,

Il eut un mauvais garnement
Dont il déplora les fredaines.
Surpris d'un pareil dénoûment,
L'infortuné se désespère ;
Il gémit sur son triste sort
De vieillard et de père,
Et chaque jour au ciel il demande la mort.
Un matin cependant il va trouver son frère,
Et verse dans son sein de pénibles aveux.
— Hélas ! s'écria-t-il en voyant ses neveux,
Mon frère, enseignez-moi comment on doit s'y prendre
Pour avoir, comme vous, des enfants vertueux ?
Ce secret, je l'ignore et voudrais le comprendre ;
Daignez m'instruire, quoique vieux.
— Mon ami, je ne puis, sans te donner le blâme,
Te retracer ce que je fis.
Comme toi je n'ai point élevé mes deux fils ;
Jamais de noirs récits n'ont assombri leur âme,
Et je les ai gardés de tout tableau hideux
Qui sait fendre le cœur sans attendrir les yeux.
La jeunesse n'a pas besoin de ces secousses ;
Il lui faut, selon moi, des émotions douces,
Des preuves d'amitié, des élans généreux,
Et ne guider ses pas que chez les malheureux.

A nos enfants il faut apprendre
Ce que vaut un peu d'or, quand on sait le répandre ;
En un mot, mon ami, pour se complaire au bien,
Je ne crois pas qu'on doive approfondir le crime ;
Dans nos cœurs la vertu s'imprime
En pratiquant ses lois : voilà le seul moyen.

XVI.

LE SINGE ET SON MAITRE.

Allons, marquis, faites le beau !
Dressez-vous, s'il vous plaît. Otez votre chapeau.
Saluez humblement ces messieurs et ces dames.
Balayez devant eux... Assez ! Prenez ces lames.
En garde... Ripostez... Hé bien ! êtes-vous prêt ?
    Parez donc ce coup de fleuret.
La main droite, à présent... sinon je vous bâtonne.
Surtout dites merci, si le public vous donne.
C'est ainsi qu'à son singe un homme mal vêtu
    Parlait après l'avoir battu.
Les passants pour le voir, accouraient en grand nombre,
Et le singe excité, quoiqu'il eût l'humeur sombre,
Ramassait avec soin les sous qu'on lui jetait.
Mais, s'étant aperçu que son maître empochait
Ce que seul il avait su gagner sur la place,
L'animal crut devoir faire un peu la grimace,

Puis se plaindre hautement.
L'homme, sans répliquer à son raisonnement,
Au singe démontra qu'on a mauvaise grâce
A gémir quand on sent la chaîne autour du cou,
Et, pour l'amadouer, notre honnête filou
Lui fit faire en cadence un tour de passe-passe.

Que l'on soit artisan, commis ou rimailleur,
    Ce n'est pas là ce qui m'occupe ;
Mais ce que je voudrais, c'est que le travailleur
    Du paresseux ne fût plus dupe.

XVII.

L'ANE ET LE PEINTRE.

Un âne eut le secret d'amasser sa fortune.
  N'en soyez pas surpris,
  Car la chose est assez commune.
Comme il voulait avoir son portrait à tout prix,
Un peintre renommé fut mandé par le sire,
  Et convint de le reproduire
    En grand.
Le modèle se place et l'artiste entreprend
  De l'imiter avec franchise.
Il y parvient sans peine, et voilà le tableau.
L'âne, aussitôt qu'il voit le coin de son museau,
  Recule en brayant de surprise.
— Mille boisseaux d'avoine! ah! que mon nez est laid!
  Cet œil est morne et me déplaît.
Quelle bouche fendue! On la croirait oblongue...
  Je n'ai pas l'oreille aussi longue.

7

A qui pensiez-vous donc, en me privant de crins,
Et dois-je m'applaudir d'en compter quelques brins ?
Effacez à l'instant cette caricature
Qui ne retrace en rien ma grâce et ma structure.
Je commande et pairai suivant votre désir;
Mais j'attends un portrait qui me fasse plaisir.
Changez-moi mon habit; ma jambe se tient raide.
Redressez-moi le cou; que mon oreille soit
Juste de la hauteur de votre petit doigt.
        S'il reste en cet état, je plaide,
        Recommencez. L'artiste cède :
        Il dessine un coursier fringant,
Puis, l'ayant revêtu d'un harnais élégant,
Il attend que le fat daigne se reconnaître.
— A la bonne heure, ami, vous êtes un grand maître !
Et si vous m'achevez, je serai sans rival.
L'artiste encouragé termine sa peinture.
Cependant le portrait fut celui d'un cheval.

On se croit autrement que n'a fait la nature.

XVIII.

L'ENVIEUX ET LA PLUIE.

Il existe des mécontents
Qui de se plaindre ont l'habitude.
Ils voudraient à leur gré guider le cours du temps,
Et, l'accusant sans cesse, ils n'ont pas d'autre étude.
L'un d'eux, dans son jardin, regardait tomber l'eau,
Et s'écriait : Le beau cadeau !
Passe, du moins, si de la nue
La pluie en gouttes d'or descendait sous mes yeux.
A peine achevait-il que l'or tombe des cieux.
A l'aspect du métal qui vint frapper sa vue,
Notre homme y crut, surtout quand il l'eut dans la main.
Mais, bientôt fatigué de faire du chemin
Pour ramasser dans l'herbe une aussi faible graine,
Voilà mon insensé qui regrette sa peine
Et forme encor d'imprudents vœux,
Disant qu'il pourrait être heureux

Si le ciel redoublait de zèle,
Lors le ciel s'obscurcit, il en sort de la grêle
                    Qui, cette fois,
                    Fut d'un tel poids,
            Que l'envieux périt sous elle.

Mortels, quand mettrez-vous un terme à vos souhaits ?
Attendrez-vous, hélas ! que le destin vous frappe ?
L'avenir vous séduit, le présent vous échappe,
Et Dieu répand pour vous d'inutiles bienfaits.

XIX

LE MOINEAU ET SA MÈRE.

Que je serais joli, si mon ventre était blanc !
    Disait un petit moineau franc,
Ma tête bleu de ciel et ma robe écarlate,
      Au lieu d'être tout gris
      Comme dame souris.
      — Enfant, ce qui te flatte,
Lui répliqua sa mère, est de bien peu de prix.
Des sots, un bel habit, est le triste apanage.
    Ce n'est pas toujours le plumage
      Qui plaît dans un oiseau ;
      L'esprit vaut davantage,
Mais il faut le montrer sous un simple manteau.

7.

XX.

L'AIGLE DE JUPITER.

Celui qui nous instruit doit nous parler sans fiel.

Dans les serres d'un aigle on vit le feu du ciel,
Et l'orgueilleux disait aux peuples de la terre :
Tremblez ! car j'obéis au maître du tonnerre,
Et d'un coup je pourrais vous donner le trépas.
        Quelqu'un reprit : Eclaire,
        Mais ne nous frappe pas !

LIVRE TROISIÈME.

I.

LA VÉRITÉ.

La Vérité, quittant sa retraite profonde,
    Désira parcourir le monde.
Sur sa route, un docteur, un juge, un écrivain,
Tous les trois à l'envi lui tendirent la main,
    Et chacun se fit son apôtre :
—Venez chez moi, dit l'un.—Non, chez moi, disait l'autre;
Vous trouverez l'habit qui vous siéra le mieux.
    La Vérité baissait les yeux,
    Ne sachant trop auquel entendre.
    Dans le dessein de les comprendre
    Et de mettre l'accord entre eux,
    Elle arrêta qu'en leur demeure
    Elle se rendrait tour à tour;
    Qu'elle y résiderait un jour.
    Le docteur l'engagea sur l'heure,
Lui fit don de sa robe, et pendant le chemin,

Ne l'entretint que d'Euripide,
Que de Sophocle et que d'Ovide.
Il avait débité son grec et son latin,
     Lorsqu'ils arrivèrent enfin
     Au milieu d'un temple sévère.
     Un orateur était en chaire,
     Qui, se targuant dans ses discours
De dire toujours vrai, quoiqu'il mentît toujours,
Montrait la Vérité sous un visage austère;
Bref, il en avait fait un être à sa manière.
La déesse, indignée en voyant ce menteur,
Demande à le confondre à son introducteur :
     Elle s'annonce en son langage,
Puis prenant à la fois une voix noble et sage,
Elle essaye à convaincre, à frapper tous les yeux ;
     Mais, ô fatale destinée !
On trouve son sermon froid, lourd, fastidieux ;
     Sous son habit l'infortunée
     Ne fut pas reconnue, hélas !
Et du temple chassée elle fuit éperdue.
Chez le juge au plus tôt elle guide ses pas ;
     Sa présence était attendue.
     — Soyez ici la bien-venue,
Dit-il, en affectant de prendre un ton fort doux,

Et faites-nous l'honneur de siéger parmi nous.
Vous aurez en vos mains la balance du juste,
Et vous vous coifferez de notre toque auguste.
Prononcez les arrêts, pesez résolument;
Nous serons tous soumis à votre jugement.
     Confiante en cette maxime,
Voilà la Vérité qui dévoile le crime;
Qui travaille au maintien de nos mœurs et des lois.
Cependant elle apprend qu'on se plaint chaque fois
Des jugements qu'elle a rendus en conscience.
— Qui donc l'a pu trahir? — Le juge en est l'auteur;
Il a mis en secret un doigt sous la balance.
Honteuse qu'en son nom l'on ait semé l'erreur,
     Fuyant Thémis et sa vengeance,
     Elle va droit chez l'écrivain,
Qu'elle trouve cherchant un vers alexandrin.
Son logis près du ciel n'avait d'autre lumière
Que celle qu'il tirait d'une humble tabatière,
Et les murs que le temps semblait avoir détruits
A dame Vérité rappelaient son vieux puits.
Son hôte l'ayant fait asseoir sur sa couchette,
Sortit quelques haillons du fond d'une cassette :
— Voici, dit-il, ma sœur, tout ce que j'ai d'effets;
     Vous n'avez pas besoin pour plaire

De vêtements plus fins, plus beaux que je n'en mets.
Choisissez. Nous aurons chacun même ordinaire,
Nous irons au théâtre, au salon, à la cour,
Car par mes soins, ma sœur, vous règnerez un jour.
La pauvre Vérité ne fut pas plus heureuse ;
On la traitait partout de folle ou bien de gueuse ;
En un mot, sombre et triste auprès de l'écrivain,
    Souvent elle mourait de faim.
    Abandonnant l'aride plage,
    La Vérité s'envole aux cieux
    Pour se plaindre devant les dieux
Du peu d'amour qu'on eut pour elle en son passage.
    Jupiter essuya ses pleurs ;
— Mon enfant, lui dit-il, je comprends vos douleurs,
Mais suivez désormais l'avis que je vous donne :
Si vous retournez vivre au milieu des humains,
    N'acceptez l'habit de personne ;
Restez libre pour mieux connaître leurs desseins,
Sans que votre pudeur s'alarme d'être nue ;
Sinon, long-temps encor vous serez méconnue.

II.

LE LION ET LE CHIEN.

Dans le fond de l'Asie, un lion fort puissant,
Avait pris pour ministre un chien rempli d'adresse,
Qui savait le servir sans feinte et sans bassesse
Et rendre par ses soins l'empire florissant.
Aussi, le roi l'aimait et vantait sa sagesse.
Un jour ce serviteur l'aborde avec tristesse
    En le priant d'accepter ses adieux ;
— Sire, dit-il alors, vous connaissez mon zèle
Et je ne cesserai de vous être fidèle,
Mais je possède un fils qui m'est bien précieux ;
      Il est jeune et moi je suis vieux ;
      Daignez pour un an me permettre
D'emmener hors d'ici l'objet de mon amour,
Afin de l'élever loin du bruit de la cour.
Il faut que je l'instruise et lui fasse connaître
Tout ce qu'il vous devra, s'il vous sert à son tour.

8

— J'accède à tes désirs, lui répond le monarque,
Et pour preuve je veux te donner une marque
    De mon affection.
Prends avec lui mon fils sous ta direction;
Tu guideras leurs pas dans une voie égale;
Ils n'auront qu'un seul père et la même morale.
— J'obéis, dit le chien, et ferai de mon mieux.
    Sitôt qu'il eut quitté les lieux,
Le digne instituteur employa sans relâche
Tout son temps, son savoir, à bien remplir sa tâche.
Or, l'époque arriva que le jeune lion
Voulut se présenter à son auguste père :
Celui-ci le revit non sans émotion;
Mais surpris que son fils eût la démarche fière,
A ton maître il en fit le reproche important,
    Et s'avoua fort mécontent
De ce qu'il différait de son paisible frère.
— O roi! reprit le chien, je vais être sincère :
    En les instruisant tous les deux,
    Je leur devais quelques aveux.
J'ai dû dire à mon fils que pour servir un autre
Il eût à se montrer soumis, modeste et doux;
    Mais je n'ai pu cacher au vôtre
    Qu'il gouvernerait après vous.

III.

LE LIÈVRE ET LA TAUPE.

Un lièvre avec les siens broutait l'herbe fleurie
De la prairie,
Lorsque certaine taupe en fouillant le terroir
Se laissa voir.
— Que faites-vous, dit-elle, auprès de ma retraite ?
Vous savez que je suis discrète ;
Je fuis le monde et je m'en trouve bien ;
A le chercher je ne gagnerais rien.
D'ailleurs, pour vivre heureux, je le tiens de ma mère,
Il faut apprendre à se complaire
Au sein de sa fortune et se passer d'amis.
— A principe de telle sorte,
Lui repartit le lièvre, on ne m'a pas soumis,
Et si quelqu'un frappe à ma porte,
Chez moi de suite il est admis.
Tout ce que je possède est à lui, je l'apporte,

Et je partage en frère un modeste repas.
— Vous n'avez donc jamais rencontré des ingrats?
      — Au contraire!
Mais ceux que j'ai connus je ne les comptai pas;
J'en oubliai deux cents pour un ami sincère.
      — Quel heureux caractère!
Dit la taupe en riant. Je plains votre bon cœur;
Car plus tard vous aurez manque du nécessaire
Et nul n'aura souci de vous dans le malheur.
      — Vous voyez loin, taupe égoïste,
      Mais je vous crois peu moraliste.
      Si c'est un défaut d'obliger,
Ah! que d'émotions ce défaut me procure!
      Je consens à m'en corriger
      Quand vous changerez de nature.

IV.

LE TOURNESOL.

D'où vient donc, demandait un enfant à son père,
Que du beau tournesol la tige droite et fière
  S'incline et suit, soir et matin,
Le lever du soleil ainsi que son déclin ?
— De la plante, mon fils, la conduite est fort sage ;
Car à son créateur elle sait rendre hommage.
Imite son penchant et crois-en mon conseil :
Le soir à ton coucher, dès l'aube à ton réveil,
  Vers Dieu tourne aussi ton visage.

———

V.

LE FLEUVE ET LE RUISSEAU.

Un ruisseau murmurait en déplorant la chute
Qu'il faisait dans le Nil pour enrichir ses eaux.
Le fleuve lui répond : Entre nous point de lutte ;
    Comme toi je répands mes flots.

Artisans ! travaillez, noble tâche est la vôtre ;
C'est par vous que le riche acquiert de la grandeur ;
Mais tout l'or qu'il reçoit, il le rend au labeur.
Pauvre et riche, ici-bas, ne sont rien l'un sans l'autre.

VI.

LA CIGALE ET LE VILLAGEOIS.

Une cigale étant captive
  Entre les doigts
  D'un villageois,
Lui dit d'une façon plaintive,
  Douce à la fois :
Ne me confondez pas avec la sauterelle
Qui détruit jour et nuit l'herbe de votre champ ;
Je veille et tout l'été, quand la saison est belle,
  Je l'éternise par mon chant.
Vous aurez donc pitié de faible créature
  Qui n'a reçu de la nature
Que sa timide voix pour unique présent.
— Je veux bien, en ce cas, dit l'homme complaisant,
  T'accorder aujourd'hui la vie ;
Et si de m'égayer telle est ta mission,
Je regrette, un moment, de t'avoir asservie.

Alors, plein de compassion,
Il met en liberté la joyeuse cigale,
　　Qui sans remerciment détale.
　　Or, par hasard, le jardinier
　　Le lendemain levant la tête,
　　Sur les branches d'un grand prunier
　　Aperçoit de rechef la bête
Occupée à ronger le feuillage et le fruit.
　　— Ai-je bien vu? Qui vous poursuit;
　　Pour vous placer si haut ma reine?
　　— N'y songez pas, je me promène.
— Soit, j'y consens encor... Mais quelques jours après
Il la prend sur un chou, malgré pleurs et regrets,
Comme elle s'apprêtait à le mettre en dentelle.
　　— Grâce pour moi! grâce! dit-elle.
— Oui-dà! c'est temps perdu, reprit le villageois,
　　De vouloir m'attendrir, donzelle,
Mon coq sera charmé d'entendre votre voix.

　　Par cette fable on doit comprendre
Qu'un fourbe à ses raisons ne peut toujours nous prendre.

VII.

LES DEUX AMIS.

Guillaume étant forcé d'entreprendre un voyage,
A l'un de ses voisins, homme prudent et sage,
Fut demander conseil et dit résolument
Que son dessein était d'aller pédestrement.
— Garde-toi, mon ami, de tenter l'aventure;
Je connais le pays, la route n'est pas sûre
Et tu t'exposerais si tu partais ainsi.
Prends au moins mon cheval; j'ai des armes aussi.
Guillaume, sur l'instant, crut l'avis salutaire;
Mais ayant réfléchi, le ladre considère
Que s'il se détermine à monter à cheval,
Il lui faudra nourrir le coûteux animal.
— Diable! s'écria-t-il, je faisais un beau rêve.
Et si dans le trajet mon bucéphale crève,
C'est moi qui fournirai l'argent du remplaçant?
Merci! je n'en veux point. Un gourdin menaçant,

En me servant d'appui deviendra ma défense.
La chose est décidée; il part sans défiance,
Arrive droit au but sans aucun accident;
Chez lui revient de même orgueilleux et content.
De revoir son ami, mon Guillaume s'empresse;
Il raille sa prudence autant que sa sagesse,
Le traita de poltron, se moqua de la mort,
Disant que trop souvent d'elle on s'effraye à tort;
Que d'avance il était sûr de la réussite.
— C'est bien, murmura l'autre, et je t'en félicite.
Veuille donc oublier les avis d'un vieillard.
Chacun se sépara. Deux ou trois mois plus tard,
Il fallut de nouveau que le hardi Guillaume
Quittât un beau matin son toit couvert de chaume.
Il saisit son bâton pour la seconde fois
Et marcha tout le jour; mais le soir, près d'un bois,
Quelques bandits lui font regretter l'entreprise.
On le frappe... il succombe, et sa pécune est prise.

Le conseil d'un ami vaut tout un long discours;
Il vaudrait encor plus si l'on y donnait cours.

———————

VIII.

LA BREBIS ET L'AGNEAU.

Une douce brebis, symbole évangélique,
Au moment de pâlir sous le fer du boucher,
Impassible à la mort, se laissait attacher
Et montrait à ses sœurs un courage stoïque.
— Quoi! vous ne tremblez pas en voyant ces apprêts?
Lui dit un jeune agneau qui la suivait de près.
Songez qu'il faut périr, que c'est inévitable.
            — Pourquoi tremblerais-je, mon fils,
                  Comme un coupable?
                  Répondit la brebis
            Au front pur et sans tache :
            C'est lui qui doit mourir en lâche.
Quant à moi dont les jours eurent un cours égal,
            Qui n'offensai jamais personne,
            A mon destin je m'abandonne.
Les regrets sont pour ceux qui commettent le mal.

IX.

LE BAS.

Un bas s'estimait plus qu'un autre serviteur
Et voulait délaisser le mollet de son maître,
    Se croyant digne d'être
    En un poste meilleur,
Un soir qu'il exaltait sa grâce et son mérite,
    Son maître l'abaissa de suite.
— L'ami, toi qui te plains, en élevant le ton,
Pourrais-tu remplacer mon bonnet de coton?
    — Hélas! ma forme est différente.
    — Eh bien! alors, crois-moi,
    Conserve ton emploi
Et que l'ambition jamais ne te tourmente,
    Puisque l'industrie, ici-bas,
    De toi n'a pu faire qu'un bas.

X.

LE SEIGLE.

Quand serai-je un brin d'herbe, un brin d'herbe à mon tour?
      Répétait chaque jour
Un petit grain de seigle enfoui dans le sable.
      O bonheur ineffable!
Le sol s'ouvre à sa voix, le voilà parvenu
      Sous un ciel inconnu.
Le soleil le réchauffe, il verdit, il prospère,
Sans paraître étonné de se voir plus d'un frère.
      Mais un ver destructeur
Vient arrêter sa crue et sa feuille allongée,
      Qui bientôt est rongée.
Hélas! à peine au monde, il connaît la douleur.
Invoquant de nouveau l'immuable nature,
Il se plaint de garder sa chétive stature.
— Que le destin, dit-il, agit avec lenteur.
      Était-ce bien la peine

9

De naître, pour rester semblable à de l'aveine !
    Quand donc serai-je de hauteur
    A pouvoir dominer la plaine ?
Cette fois il grandit, le voilà vigoureux ;
Et pourtant il n'a pas encor ce qu'il désire ;
Il gémit dès l'aurore et le soir il soupire.
Cérès l'interrogea. — Pour couronner tes vœux,
    Que te faut-il, seigle peu sage ?
— Un seul épi, déesse ! afin que je propage ;
    C'est tout ce que je veux,
Et je serai content si tu m'en fais hommage.
L'épi s'élève enfin ; Cérès le rend fécond.
Mais du vieillard barbu, l'épi courbe le front.
Il tremble au moindre bruit ; un souffle de Borée
    Balance sa tige dorée.
Il dessèche et perdant tout-à-coup sa vigueur,
Tombe... sur l'humble faux du joyeux moissonneur.

De l'homme c'est ainsi que s'enfuit l'existence,
    Sans qu'il soit satisfait du sort.
Ses vœux les plus ardents font place à l'inconstance,
Et son dernier désir est traduit par la mort.

XI.

LES FOURMIS ET LE PIVERT.

Quel est ce bruit nouveau ? Qui frappe ainsi sans cesse ?
Demandaient à leur mère, instruite en sa vieillesse,
Des fourmis qui vivaient au pied d'un chêne vert.
— Mes filles, gardez-vous d'écouter à la porte.
    Celui qui frappe de la sorte
Est un oiseau gourmand qu'on nomme le pivert ;
Il ne fait tant de bruit qu'afin de vous contraindre
        A sortir,
Et du bec il n'agit que pour vous déglutir.
— Bah ! ma mère, à quoi bon de s'enfuir, de le craindre ?
    Répliquent les jeunes fourmis.
L'oiseau dont vous parlez n'est pas si redoutable
Qu'il lui faille de nous un millier pour sa table,
    Et d'en juger il est permis.
Distinguons s'il est blanc, jaune ou vert, ou bien gris,
    Répète en chœur la fourmilière.

Et sans plus s'occuper des avis de leur mère,
        Voilà tous mes héros dehors ;
        Les voilà pris, les voilà morts.

        L'écueil que l'on montre à l'enfance
        Lui paraît facile à franchir.
        Il faut avec l'âge fléchir,
        Pour acquérir l'expérience.

XII.

L'ORANGE ET LA COLOQUINTE.

Un superbe oranger s'était fait le tuteur
    D'une chétive coloquinte,
Et sans être jaloux la vit à sa hauteur.
La plante ayant un fruit qui fut de belle teinte,
    S'exprime à l'orange : Ma sœur,
      Votre petite sphère
    De la mienne en rien ne diffère,
    Et je crois que le connaisseur
    Pourra commettre quelque erreur ;
Car mon écorce est rouge et la vôtre est de même.
— Ce n'est pas pour cela, dit l'orange, qu'on m'aime ;
C'est le cœur que l'on juge, et je l'ai tendre et doux ;
      Tandis que vous
    Votre pulpe est amère.

La figure n'est rien lorsque l'âme est vulgaire.

9.

XIII.

L'ANE ET SES COMMENSAUX.

Un baudet d'une humeur traitable,
Un cheval des plus pétulants,
Se trouvaient dans la même étable,
Auprès de deux bœufs indolents.
Lorsque faisant des caracoles,
Sur son foin le cheval piaffait,
Notre âne s'en accommodait
Et mangeait jusqu'aux fèverolles
Que l'un ou l'autre bœuf laissait à son repas ;
Mais trop de modestie, hélas ! ne nous sert pas.
Un jour, il entendit le maître de la ferme
Quereller en ces mots son paisible valet :
— De ces fèves pourquoi retirez-vous le germe ?
　　　Rien ne déplaît
　　　A mon baudet.
Je sais qu'il n'est pas difficile,

Et que d'un reste il est content ;

Mais mon cheval est exigeant ;

Parfois il se montre indocile,

Et mes bœufs sont capricieux :

Or, le point essentiel, c'est de s'occuper d'eux.

— Quoi ! dit le grison en lui-même,

Pour qu'on nous choye et qu'on nous aime,

Il faut donc tourmenter les gens

En tout temps.

Il n'est donc d'estimable race

Que celle intrigante et rapace ?

Je comprends aujourd'hui pourquoi l'on me laissait

Sur un fumier fétide où le froid me glaçait.

Puisque pour obtenir il faut savoir se plaindre,

J'ai mon but, je saurai l'atteindre.

Déjà les ombres de la nuit

Avaient voilé chaque paupière,

Quand l'âne, au sein de son réduit,

Avec force se met à braire

Et fait chanter les coqs de tous les environs.

Le fermier se réveille, ainsi que ses garçons.

— Qu'a notre âne ? Jamais il ne brait d'habitude !

Jean ! N'aurait-il pas soif ? manquerait-il de grain ?

Courez, pour en avoir la prompte certitude.

Jean revenu, même refrain.
Le maître à se lever sur le champ se décide.
    — Parbleu! ce n'est pas surprenant
Si l'âne appelle encor ; sa litière est humide.
Refaites son coucher. J'exige maintenant,
    Avant toute autre affaire,
Que de cet animal on ait le plus grand soin
Et qu'il ait le premier de l'avoine et du foin.
On ne doit pas chez moi manquer du nécessaire.

La plainte est souvent salutaire.

XIV.

LE RASOIR ET LE BLAIREAU.

Coquet blaireau, mordant rasoir,
Placés vis-à-vis d'un miroir,
Tour à tour servaient à leur maître.
Le rasoir faisait disparaître
La barbe ou le duvet qu'il trouvait en chemin,
Et le soyeux blaireau, se chargeant sous la main
D'une mousse blanche et durable,
Se complaisait à rendre un menton vénérable.
Tout-à-coup le rasoir blesse l'homme en glissant.
— Maladroit ! dit en pâlissant
Le blaireau, qui se pose en sage ;
Vois le sang qui jaillit du plus charmant visage,
Et l'effet que produit trop de légèreté.
— Ah ! ne me blâme pas de ma vivacité,
Lui répond l'autre en son langage ;

Si j'avais comme toi flatté sur mon passage,
　　De mon mérite on eût douté.

　　Au doux ami qui nous caresse
　　Et passe sur chaque défaut,
　　Préférons celui qui redresse
　　Et tranche parfois, s'il le faut.

XV.

LE LIÈVRE ET LE CHASSEUR.

A la chasse courant du matin jusqu'au soir,
    Guillot tirait sans rien avoir.
Un lièvre, par hasard, reposait sur la route.
    Notre homme crut qu'il était mort
Et qu'un adroit chasseur l'avait tué, sans doute.
    Craignant de se faire du tort
    En le mutilant davantage,
Il décharge son coup du côté d'un nuage.
    Le lièvre au bruit se relevant,
    Se dispose à plier bagage.
— Hé quoi ! tu m'as trompé; qui t'aurait cru vivant?
    — Tout autre que vous, mon compère,
    N'eut pas tiré sa poudre au vent;
    La feinte est mon arme de guerre.

XVI.

LA POULE ET SON ŒUF.

D'un plaisir espéré naît une larme amère.

Depuis plus de vingt jours une poule couvait
   Et rêvait
  Au bonheur d'être mère !
Enfin l'instant approche ; elle écoute... un poulet
   L'appelait.
  Elle allait rompre la coquille,
Quand l'insensé fœtus, qui de voir clair pétille,
Lui dit avec humeur : Je suis fort étonné
Que vous soyez si lente à m'entr'ouvrir la porte.
Vous vous y prenez mal ; ce n'est pas de la sorte...
La poule l'interrompt. — Pauvre petit borné,
Pour donner des conseils, attends que tu sois né.

La Poule et son Œuf.

XVII.

LES FAGOTS.

Il neige... et l'on entend une cloche lointaine
    Tinter au milieu de la plaine.
Une dame parée, à voilette et chapeau,
Ayant à côté d'elle un pieux domestique,
Semble craindre la bise, et sous un bon manteau
Cache dans la fourrure un missel magnifique.
— Ah! Tom, l'affreux hiver! Quel froid plein de rigueur!
Que mon hôtel est loin du saint lieu du Seigneur!
    Tom approuve fort sa maîtresse
Et souffle sur ses doigts, lorsque chemin faisant,
    S'offre à leurs yeux une pauvresse
Qui n'avait sur le corps qu'un hideux vêtement.
— Veuillez me secourir, dit cette pâle mère,
Je me meurs de besoin, ainsi que mon enfant;
Il gèle... et cette nuit, sans bois et sans argent,
J'ai veillé sur la paille au fond d'une chaumière.

— Jésus ! que je vous plains, ma chère !
Peut-on, sans le sentir, voir souffrir ses égaux ?
Chez moi, présentez-vous au sortir de l'office,
     A vos vœux je serai propice,
Et Tom vous remettra deux... trois... quatre fagots...
Du temps s'est écoulé, déjà la messe est dite ;
Madame est de retour, puis déjeune amplement.
Près d'un feu qui pétille elle était mollement
     Lorsque la sonnette s'agite,
     Drelin, drelin, drelin, din din.
— Qui vient donc me troubler ? — C'est cette pauvre femme
     Dont vous avez plaint le destin.
— Ah ! je n'y songeais plus ! Eh bien ? — Elle réclame
     Les quatre fagots que Madame
     Daigna promettre ce matin.
— Mais, Tom, il fait moins froid ; ce serait trop de quatre !
L'horizon s'éclaircit, l'hiver touche à sa fin,
Et pour preuve, j'ai vu des moucherons s'ébattre
     Dans mon appartement.
Tout conclu, ne donnez qu'un fagot seulement.

Aisément on oublie, au sein de l'abondance,
La misère d'autrui, ses pleurs et sa souffrance.

———

XVIII.

L'OURS ET LES SAPAJOUS.

Près de l'antre profond d'un ours sombre et sauvage,
S'assemblaient chaque jour de joyeux sapajous
Qui couraient, gambadaient, jouaient comme des fous :
    Le plaisir était de leur âge.
L'ours aurait pu parfois prendre part à leurs jeux ;
Mais le sournois n'avait jamais appris à rire.
Lorsqu'il les rencontrait, il détournait les yeux,
    Et ne savait tout au plus dire
    Que ces trois mots : Sont-ils heureux !
Un matin cependant il relève la tête,
Et se blâmant d'aimer le silence des nuits :
— C'est ma faute, dit-il, si j'ai quelques ennuis.
    Par ma foi ! je serais bien bête
D'éviter plus long-temps le jour et sa clarté.
    Vive le monde et sa gaîté !
Mes amis, je me rends, j'accours à votre fête.

Vous dansez, c'est au mieux; je veux danser aussi,
    Car je me vante, Dieu merci,
    D'avoir à ce jeu de la grâce.
Sans plus tarder mon ours se lance dans l'espace
Et le voilà heurtant, blessant autour de lui
Les mains des sapajous qui lui servent d'appui.
A l'aspect du brutal, la troupe peu séduite
    Gagne au plus tôt quelque rocher;
L'un grimpe au haut d'un arbre et l'autre prend la fuite.
L'ours les voyant partir s'écrie : Allons coucher!
Je n'ai connu que trop le monde et sa conduite.
Puisqu'il me fuit, j'attends qu'il me vienne chercher.

On change rarement de vie et de manière;
Quiconque a des goûts d'ours revient à sa tanière.

XIX.

LE LION ET LE RENARD.

Certain renard bien vain et sans instruction,
Mais ayant beaucoup de jactance,
Fut trouver le lion
Dans l'espoir d'obtenir un emploi d'importance.
— Je descends d'un noble seigneur :
Mon oncle était le grand-veneur
De votre auguste père.
J'eus un cousin ministre, un autre ambassadeur ;
Enfin, dans ma famille entière...
Le lion ennuyé poursuit d'un ton peu doux :
Laissez dormir les morts, occupez-moi de vous,
Et dites-moi, renard, ce que vous savez faire.

Combien de gens obtus ne pouvant parler d'eux,
Sont fiers de s'étayer du nom de leurs aïeux.

XX.

LA LAMPE.

Sur les marches d'un temple, une lampe allumée,
Pour guider les mortels, paraissait animée.
Mais de ne pas la voir la foule, hélas! feignit;
Un homme l'aperçut lorsqu'elle s'éteignit.

O toi! divin flambeau que la science allume,
N'es-tu pas l'écrivain qui pour rien se consume?

LIVRE QUATRIÈME.

I.

LE VIEILLARD ET LES MÉDECINS.

Un vieillard fut témoin d'une discussion
Entre six médecins en réputation.
— Saigner, prétendait l'un, saigner c'est ma méthode !
— Pourquoi tirer du sang ? Jamais il n'incommode,
    Reprenait l'autre vivement.
Selon moi, rien de mieux pour le tempérament
Que certaine boisson dont j'ordonne l'usage.
En un mot, je guéris avec un verre d'eau.
Et ces deux insensés, du docteur Sangrado
Semblaient se disputer le modeste héritage.
— Paix ! cria le troisième et me rendez hommage ;
C'est moi qui suis l'auteur des petits chalumeaux
Où l'on hume le camphre introduit en grumeaux.
Avec ma cigarette et mon eau sédative
    Je triomphe de tous les maux.

— J'en doute, dit un jeune, et quoique il en arrive,
Je soutiens qu'au malade il faut que l'on prescrive
Du vin vieux, des biftecks et bien d'autres morceaux.
— Bah! répond son voisin, où sont-ils donc les sots
   Qui suivent un pareil régime?
   Ils en sont plus tard la victime,
Et votre serviteur, petit-fils de Purgon,
Ne peut les réchapper qu'à l'aide d'un séton.
— Ah! pour le coup, Messieurs! dit un homœopathe,
   On ne saurait agir plus mal
   Et c'est traiter l'homme en cheval.
D'être moins ignorant, moins cruel je me flatte.
Sachez que l'on n'obtient de franches guérisons
Qu'en mettant à profit la vertu des poisons.
— Quel système, grand Dieu! Vous divaguez, je pense.
— Empoisonner les gens! reprend un vis-à-vis.
Ils en venaient aux mots, si, rompant le silence,
Le vieillard n'eut offert d'exposer son avis.
— Parlez! on vous écoute. — Il existait en France
Un pays habité par des bergers jaloux
Qui toujours du métier jasant, non sans querelle,
Laissaient chiens et troupeaux à la merci des loups.
   Un jour qu'ils avaient rendez-vous,
L'un d'eux trouve un volume. Aussitôt on l'épelle

Et son titre annonçait mille secrets nouveaux
Pour soigner les béliers, les brebis, les agneaux.
    Ne consultant que son instinct sauvage,
      Ou plutôt son propre intérêt,
Chaque berger déchire un feuillet de l'ouvrage,
Et le voilà fuyant au sein de la forêt
    Pour s'instruire dans le silence.
Mais du plaisir l'erreur prit la place sous peu.
    Un pâtre à l'autre fit l'aveu
De sa déception et de son ignorance.
Un troisième survint... et ce ne fut qu'un jeu.
— Amis, rassemblons-nous, dit alors le plus sage ;
Nous n'apprendrions rien en vivant à l'écart ;
Jouissons en commun du volume et de l'art.
    — Hé bien, docteurs ! c'est votre image :
Vous dont le désaccord décime les humains,
    Et qui détruisez page à page
Le livre que l'étude a mis entre vos mains.
Méprisez l'intérêt et sa vile puissance ;
Discutez moins, Messieurs, et faites alliance,
    Si votre esprit est encor sain.
Vous ne possédez tous qu'un feuillet de science,
    Et nul de vous n'est médecin.

II.

LE BŒUF ET LE CRAPAUD.

Un crapaud veuf et sans lignée
Traînait sa vie infortunée
Près d'un lieu fangeux et puant,
Et murmurait tout haut de n'avoir pas d'enfant
Qui pût porter son nom s'il délaissait la place.
— Quel bien as-tu donc fait? Qu'as-tu produit de grand
Pour tenir à ton nom? lui dit un bœuf qui passe.
Quand le ciel te ferait rentrer dans le néant,
Nous n'aurions pas sujet de regretter ta race.

L'orgueil sied mal au fainéant.

III.

LE PRINCE ET L'ENVIEUX.

Un roi clément et charitable
Tous les jours admettait des pauvres à sa table,
    Et le couvert était nombreux.
Parmi les conviés, un aveugle fort vieux
Dont la figure était douce et recommandable,
    Du monarque obtint l'amitié
    Et son sort fut pris en pitié.
    Un envieux résolut de lui nuire.
Or voici sa conduite ; il s'adresse au roi : Sire,
    Je sais que votre majesté
    Daigne accueillir la vérité.
Je viens lui dénoncer le crime abominable
    D'un misérable
    Qui fait l'aveugle et n'a d'autre dessein,
    En sachant ainsi se contraindre,
Que de vous approcher pour vous percer le sein.

11

— J'ignorais que cet homme eût le talent de feindre,
Dit le prince en gardant un paisible maintien ;
J'aime fort qu'on me trompe alors qu'on s'y prend bien.
D'après cela, tu peux à la ruse prétendre ;
Mais je crois, à mon tour, te devoir un conseil :
Si tu feins d'être aveugle, ou de ne pas entendre,
Ne me donne jamais l'éveil,
Ou sinon je te ferai pendre.

Souvent pour perdre autrui plus d'un fourbe se perd ;
Il est parfois utile à celui qu'il dessert.

IV.

LE BERGER PRÉVOYANT.

En traversant un bois, il fallait voir la peine
    Que se donnait un jour Germain
Pour ralentir le pas de ses bêtes à laine.
Il allait et venait tout le long du chemin,
Surveillant son troupeau de la tête à la queue,
Et ses chiens attentifs accouraient d'une lieue,
Cependant pas un loup n'avait montré le nez,
Pas même un hurlement ne s'était fait entendre ;
L'écho répondait seul au cri des nouveau-nés
Qui parmi les brebis bêlaient d'une voix tendre.
Pourquoi donc ce berger, me demandera-t-on,
Prenait-il en ces lieux tant de précaution ?
C'est que mon bon Germain, malgré son ignorance,
Savait que ce n'est point quand on voit le danger
    Qu'il faut songer
    A la prudence.

V.

L'ABEILLE.

Non loin de sa ruche, une abeille,
D'une guêpe admirait la taille sans pareille.
Désirant l'égaler elle prend un long fil,
Puis se serre le corps sans songer au péril.
Elle était à peu près à la guêpe semblable,
Lorsque faisant, hélas! un effort douloureux,
Sa perte fut inévitable.

De la coquetterie on voit l'effet fâcheux;
Jeune fille est souvent l'abeille de ma fable.

VI.

LE VAUTOUR, LE CORBEAU ET L'AIGLE.

Certain vautour impérieux,
Lâche, barbare et paresseux,
Obligeait un corbeau docile
A lui construire un nid sur le roc de son île ;
Et lorsque l'artisan suspendait son labeur,
Le maître à coups de bec lui donnait de l'ardeur.
Un jour qu'il le traitait avec trop de rudesse,
Un vieil aigle entendit son long cri de détresse.
Il ne put s'empêcher de blâmer fortement
         La rigueur d'un tel esclavage.
— Que voulez-vous ? ce noir a peu d'entendement.
— Parce que cet oiseau n'a pas votre plumage,
         Que Dieu le fit noir et vous blanc,
         Devez-vous lui percer le flanc
Pour inculquer l'instinct que la nature inspire ?
— Il est vrai que j'agis avec sévérité,

11.

Mais le corbeau, chez moi, trouve ce qu'il désire.
　　　— Rendez-lui donc la liberté!
— Qu'en ferait-il, hélas! s'il ne peut se suffire?
— C'est dans votre intérêt que vous prêchez ainsi.
　　　　　Dieu merci!
Le ciel n'a pas compté sur votre prévoyance
　　　Lorsqu'il lui donna l'existence
　　　Et des ailes comme aux vautours.
Croyez bien que chacun sait préserver ses jours
　　　Et pourvoir à sa subsistance.

— Colons, avez-vous vu régner dans vos climats,
Ce tyran du corbeau, ce vautour redoutable?
— Nous avons tous compris; mais le nègre incapable,
S'il n'était rudoyé n'avancerait d'un pas.
— Ah! c'est de vous, amis, dont a parlé ma fable!
　　　Hé bien! ne le confessez pas.

VII.

LA FLEUR ET LE CRANE.

Parmi l'herbe d'un cimetière,
D'une fleur s'élevait la corolle éphémère.
Un crâne remarquant son maintien plein d'orgueil,
La blâma d'étaler l'éclat auprès du deuil.
— Vaniteuse des prés, ton pétale qui brille
Me rappelle le temps où j'étais jeune fille ;
Je fus belle jadis et l'on sut me chérir...
Coquette, tu me vois... le temps sait nous flétrir.
— N'attends pas, dit la fleur, qu'au plaisir je résiste ;
Laisse-moi mon été, l'hiver je serai triste,

     Et c'est à mon tour de fleurir...
Elle achevait, hélas ! quand Auster la condamne
A tomber feuille à feuille et parsemer le crâne.

VIII.

LE MERLE ET LE LINOT.

Un merle babillard disait qu'en sa jeunesse
Il avait tout appris, tout fait avec adresse,
    Mais qu'il avait tout oublié.
Un linot, certain jour, par ses cris ennuyé,
Lui répondit : Mon cher, tu n'es qu'une pécore,
Puisque de tes leçons tu n'as pas profité.
Mieux vaut moins de savoir et plus d'humilité ;
Moi j'appris peu de chose et m'en souviens encore.

IX.

LE CIRON ET L'ÉLÉPHANT.

Un éléphant
Troubla le vol d'un ciron mécontent
Qui se rua sur sa cuirasse épaisse.
Vous jugez du plaisir qu'eut le gros animal
A voir pareille espèce
S'efforcer, mais en vain, de lui faire du mal.
Il riait du ciron, sans craindre sa colère,
Ainsi que l'on rirait de celle d'un enfant,
Quand l'insecte offensé, recommençant la guerre,
S'élance... et puis se noie au bord de la paupière
De l'éléphant.

Oh vous! qui vous montrez de la même manière,
Hommes faibles et belliqueux,
Ceux que vous tourmentez devraient fermer les yeux.

X.

LE LION ET LE LOUP.

Dieu seul donne la vie et Dieu seul la retire ;
Or, qui ne peut créer n'a point le droit d'occire.
Je pars de ce principe, et puisque je suis roi,
C'est ainsi qu'un lion s'applaudissait naguère,
Je ne ferai jamais verser de sang pour moi,
Et ne veux pas grandir par le meurtre et la guerre ;
C'est assez de punir le tigre et la panthère,
Si l'un d'eux méditait d'attenter à nos jours.
Désormais sans bourreau justice aura son cours ;
Il est trop inhumain d'ajouter d'autres crimes
A ceux qu'un scélérat commet sur ses victimes.
Je saurai l'asservir aux rigueurs de mes lois,
Et sans glaive un lion doit régner dans ses bois.
En effet, il le fit, fut bon, doux, équitable ;
Mais il apprit bientôt qu'un loup très redoutable
Immolait chaque jour un paisible mouton.

Urgence fut alors de prendre le glouton,
Et des chiens vigoureux s'étant mis en campagne,
On leur recommanda d'être compatissants
Pour celui qu'on devait ne condamner qu'au bagne.
Le loup dans le combat en blesse au moins deux cents ;
Enfin on le saisit, on l'amène à son juge,
A qui le criminel parle sans subterfuge :
— Pourquoi, dit le lion, remarquant sa fierté,
Osez-vous devant moi porter si haut la tête ?
— De venir t'insulter je me fais une fête,
Je n'appréhende point d'être décapité.
— N'avez-vous pas horreur de la captivité ?
— Me voilà prisonnier pour un instant peut-être ?
Mais si par cas fortuit je redeviens mon maître...
Je veux avec les miens égorger tes parents ;
Voir ta mère expirer, ta femme et tes enfants ;
Leur entr'ouvrir le sein pour assouvir ma rage,
Puis t'offrir leurs lambeaux comme un sanglant hommage
De l'abolition de la peine de mort.
— Monstre !... tu périras... je reconnais mon tort,
S'écria le lion rugissant de colère :
Jusqu'alors j'ai pu croire à des cœurs repentants ;
J'ai pu croire au remords que donnent les vieux ans ;
Mais aujourd'hui je vois quelle fut ma chimère !

Je reconnais aussi, dit-il, grinçant des dents :
Que, pour anéantir ton âme scélérate,
La nature m'a mis des griffes à la patte.

Bonnes gens qui prêchez la modération,
Et qui des méchants seuls avez compassion,
Il est temps, croyez-moi, d'achever votre rêve :
Qui frappe avec le fer doit périr par le glaive.

XI.

LES DEUX VOISINS.

Deux voisins qui s'aimaient comme on s'aime en province
A la veille d'avoir pour le moins un procès,
Cultivaient à l'envi, tous deux avec succès,
Un enclos séparé par un treillis fort mince.
Vous savez qu'il n'est rien de plus divertissant
Que de doter autrui du fumier de son champ ;
J'entends par ce fumier celui que d'ordinaire
    Le sol fournit à son propriétaire.
Or, mes bons campagnards, en fouillant leur terrain,
    Se repassaient ce bien héréditaire,
Et tour à tour lancée, on vit plus d'une pierre
Ne quitter un endroit, ne quitter une main,
Que pour aller dans l'autre et revenir soudain.
    Jupiter eut pu les confondre ;
Mais à quoi sert, hélas ! l'homme est ainsi bâti,
    Il est trop tard pour le refondre.

Ce dieu prit cependant parti ;
Pour mettre fin à leurs querelles,
Il changea leurs cailloux en grosses sauterelles,
Et mes nouveaux Deucalions,
S'étant mis à peupler la terre,
N'eurent pour prix que la misère
Et la perte de leurs moissons.

L'égoïsme d'un seul fait celui de cent mille ;
Au lieu de s'entr'aider et de se rendre utile,
Chacun se jette des cailloux ;
Tant-pis pour toi, dit l'un ; Dieu dit : tant-pis pour vous.

XII.

LE BOUC QUI FAIT LE CONNAISSEUR.

La barbe est peu de chose, il faut les ans avec,
    Pour qu'on ait foi dans son mérite ;
Elle cache un poltron, parfois un hypocrite.
Et tout serin qui naît possède autour du bec
    Un faible duvet qui l'abrite.

On jugeait à la cour du sultan léopard
Des scènes d'animaux que le pinceau d'un maître
    Avait su tracer avec art.
    Le singe semblait s'y connaître ;
Le paon et le canard, chacun donnait son mot :
Lorsqu'un bouc à longs poils, s'avançant dans le groupe,
Au chef-d'œuvre exposé trouva plus d'un défaut.
— Par ma barbe je vois et je sens ce qu'il faut....
— Vous sentez fort mauvais, dit quelqu'un de la troupe :
    Votre barbe est celle d'un sot.

XIII.

LE COQUELICOT.

Le gai coquelicot des champs,
     Battu par le froid et les vents,
Au froment son voisin fut demander asile :
— Près de vous, lui dit-il, je fleurirai tranquille ;
J'ornerai vos guérets de feux resplendissants,
     Et vous me verrez tous les ans
Reparaître à vos pieds sans craindre la faucille.
On avait accepté sa nombreuse famille,
Lorsqu'au beau temps arrive une troupe d'enfants
Qui saute dans les blés, les saccage et les pille.
— C'est notre faute, hélas ! soupirent les épis,
     Si notre chute est misérable ;
     Quand on reçoit le plaisir à sa table,
     Il faut supporter ses amis.

XIV.

LE CUIVRE ET L'OR.

Quel mérite avez-vous? quel est votre secret?
Disait le cuivre à l'or, pour que chacun vous fête?
Moi, quand je me présente, on détourne la tête,
Et mon nom pour l'orfèvre est dépourvu d'attrait.

　　En sera-t-il partout de même,
Ou ne puis-je trouver un nom qui vaille mieux?
— Si le mien sait te plaire et si c'est lui qu'on aime,
Changeons, répond alors le métal précieux.

　　Le cuivre, transporté de joie,
　　Conclut vivement le marché.
　　Il se récure, il se nettoie,
Et sort du vert de gris qui l'avait entaché.

　　Le voilà brillant dans le monde,
　　Faisant vibrer son pompeux nom.
On l'accueille d'abord, mais bientôt à la ronde,
On sent l'odeur de cuivre; on l'accuse : il dit non.

Il se trouble... il rougit, et de son imposture
    Chacun reconnaît la nature.
N'ayant plus de ressource, il revoit son rival
    Qui possédait son rang primordial.
— Apprenez-moi, de grâce, ô vous que l'on révère,
Pour quel motif le sort est à mes vœux contraire?
— Mon ami, le nom seul ne fait point les métaux ;
On distingue toujours le vrai d'avec le faux.

Le Poisson et le Philosophe.

XV.

LE POISSON ET LE PHILOSOPHE.

Poisson rouge, en tournant, que cherches-tu dans l'onde ?
Sans cesse je te vois cotoyer ton bassin,
    — De m'échapper j'ai le dessein.
— Poisson, tu perds ton temps, car ta prison est ronde ;
    Tu seras encor là demain.

De la religion j'ai retracé l'image,
On veut s'éloigner d'elle au sortir du berceau ;
Pendant trente ans on tourne, on tourne avec courage...
Dans son cercle on revient l'implorer au tombeau.

XVI.

L'OURS ET LE VIEIL ARBRE.

En passant près d'un orme, un ourson chaque fois
Léchait sa vieille écorce avec certain délice;
L'arbre crut que c'était pour lui rendre service,
Ne songeant plus au suc qui coulait de son bois.

Autour de toi, vieillard, ton héritier s'empresse.
Hé bien! ce n'est pas toi, c'est ton or qu'il caresse.

XVII.

LE JARDINIER ET LE CHEVAL.

Couché sur un peu de litière,
Un malheureux cheval, poussif, fluxionnaire,
Attendait que le ciel mit fin à sa douleur.
Son maître le mena chez un équarrisseur.
La pauvre bête alors voyant sa destinée
Au plus profond chagrin était abandonnée.
    — Maître, quand je portais vos choux,
J'étais jeune, robuste, et j'endurais les coups;
Avec célérité je traînais la voiture
Qui menait au marché, vos légumes, vos fruits.
    Il s'écoula quinze ans depuis;
Je suis vieux et cassé, c'est la loi de nature.
Envers moi veuillez donc avoir l'âme moins dure;
Laissez le Créateur m'envoyer le trépas,
N'en hâtez point le jour, il ne tardera pas!
Le jardinier répond au cheval qui l'implore :

Quand je ne tirerais que cinq francs de ta peau,
  Je te sacrifirais encore.
L'animal fut livré de suite à son bourreau.

De même qu'un cheval l'homme s'use au service
  D'un laboureur ou de l'État;
  Mais il ne faut pas qu'il vieillisse,
  S'il craint pour lui qu'on soit ingrat.

XVIII.

LE DOGUE ET LE BASSET.

Un dogue intelligent, son nom m'est étranger,
　　Portait chaque jour dans la ville
La viande qu'un boucher livrait à domicile.
Il rencontre un basset et chacun d'échanger
　　Politesse pour politesse.
D'ailleurs ils s'étaient vus tous deux dans leur jeunesse;
　　C'était se retrouver à point.
Au moment qu'ils causaient le long d'une esplanade,
Le basset, tout-à-coup, quitte son camarade
Pour flatter un passant qui ne l'appelait point.
Le dogue en fut surpris, mais il le laissa faire.
Au bout d'un peu de temps, notre chien le rejoint
Et reprend avec lui son maintien ordinaire;
Mais ayant aperçu certaine cuisinière
　　Dont le panier semblait pesant,
　　Le voilà de nouveau trottant

Derrière.

Ce n'est pas tout. Vient un enfant
Et mon basset s'en va flairer sa blouse bleue.
Plus loin, c'est un laquais; plus loin, un magistrat
Devant lesquels il court en remuant la queue
     Et sans perdre son odorat,
— Vous connaissez donc bien du monde?
Dit le dogue au basset lorsqu'il fut de retour;
Je vous ai vu fêter tous les gens à la ronde.
      — Je vous avoûrai sans détour
Que j'ai plus d'un ami de haut et bas étage
A qui je fais accueil et gracieux visage,
Mais il est bon aussi de vous dire en chemin
Que j'obtiens quelque chose en leur léchant la main.
— Je vous comprends, mon cher, et connais votre race:
Vous ne mordez jamais le balai qui vous chasse?
— Dieu m'en garde! — En ce cas, allez seul votre train,
     Car pour moi, je vous abandonne;
Le flatteur de chacun n'est l'ami de personne.

XIX.

LES FOURMIS ET LA CHENILLE.

Deux fourmis occupaient ensemble
Chacune un des côtés de la feuille d'un tremble.
    Et discutaient sur sa couleur.
—Elle est blanche, vous dis-je!—Elle est verte, ma sœur!
Une chenille alors qui dormait sur la branche,
Se réveille et leur dit : Dieu la fit verte et blanche;
Mais on trouve partout des savants comme vous,
Qui se placent dessus pour juger le dessous.

XX.

L'AIGLON.

Un corbeau voyant un aiglon
Sur la cime d'un mamelon,
Lui dit : Toi, dont la tête altière
Semble entr'ouvrir le firmament,
Orgueilleux, ne fuis pas la terre
Qui recevra ton œil mourant.

LIVRE CINQUIÈME.

I.

LE BŒUF ET SES COMPAGNONS.

Un bœuf exempt de tout devoir,
A bien vivre employait son temps et son savoir,
Et couché le matin sur un bon lit de paille,
On l'y trouvait encore à l'approche du soir.
Fallait-il labourer? — Que mon frère travaille !
Répondait l'indolent d'un ton audacieux,
  Et moi je mangerai pour deux.
  En vain lui donnait-on l'exemple
  De la plus noble activité ;
Il raillait le cheval plein de docilité,
Et le coq, disait-il, afin qu'on le contemple,
Nuisait par ses accents à la tranquillité.
En un mot la paresse était sa conseillère,
  Et ce bœuf n'avait point d'ami.
  Certaine nuit que dans la ferme entière,
  Bêtes et gens, tout était endormi,

Le feu prend à la grange, et chaque locataire
      Est réveillé par sa clarté.
    Le coq se sauve avec agilité.
Les poulets, les dindons, les moutons font de même,
Et la main du fermier, dans ce péril extrème,
      N'est pas seule à les secourir.
    Le bœuf non plus ne devra pas périr,
    S'il veut montrer un peu de diligence
      Et se laisser mettre un licou ;
Mais il n'a jamais su ce qu'est l'obéissance,
Et lorsqu'il faut marcher, il raidit le genou.
Ajoutez à cela les effets de la goutte
      Qu'il a gagnée en son réduit,
      Puis la peur et ce qui s'en suit ;
     C'est assez pour tomber en route.
     Le cheval l'entendant beugler,
     Lui dit, avant de s'en aller :
Mon cher, je plains ton sort, car il est misérable ;
Mais si, dès ta jeunesse, au lieu d'être dormant,
Tu t'étais comme nous donné du mouvement,
    Tu pourrais fuir de ton étable.

    L'oisiveté rend incapable.

La Jeune Fille et l'Ortie.

II.

LA JEUNE FILLE ET L'ORTIE.

Fanchette, dès l'aurore, ayant fui sa chaumine,
  Par un beau soleil de printemps,
  Courait dans la forêt voisine
Sans dessein et sans but, comme tous les enfants.
Son petit jupon bleu cinglait ses jambes nues,
Et le zéphir parfois l'agitant vers les nues,
Le laissait retomber sur une fraîche fleur
Que deux doigts dérobaient au papillon rêveur.
Tout-à-coup, en cueillant une odorante armoise,
Une ortie au talon piqua la villageoise,
Et l'écho retentit de sa vive douleur.
Le chagrin succédant à son naïf bonheur,
  Fanchette, hélas ! qui se lamente
Résout dans son dépit d'anéantir la plante.
Mais celle-ci lui parle : Ah ! ne me détruis pas ;
Car si je te blessai, je crus me rendre utile,

Et lorsque j'arrêtai tes pas,
Sous mes feuilles glissaient les anneaux d'un reptile.

Imprudente jeunesse, ah! que n'as-tu toujours
Une ortie attentive à préserver tes jours.

III.

LE CHAT GOURMAND.

Un chat dont la maigreur était épouvantable,
    Habitait chez un gros rentier
Qui du jour croyait faire un emploi régulier
    En se mettant trois fois à table.
    Sous elle, Minet, pas à pas,
    Venait se placer en silence,
Et n'avait pour sa part que l'odeur du repas
Dont son maître, en secret, savourait l'excellence.
Souvent aussi, Minet, de sa plus douce voix,
    Ou de la patte quelquefois,
    Implorait un os comme offrande;
Mais ce maître inhumain repoussant sa demande,
    En lui refusant ses débris,
L'envoyait au grenier s'enquérir des souris.
    Le chat souffrait la réprimande
Et supportait à jeun son malheureux destin;

Mais un soir qu'au logis s'apprêtait un festin,
Quelques perdreaux truffés sous sa griffe tombèrent
     Et bientôt sous sa dent craquèrent.
Les truffes, les perdreaux, déjà tout y passait,
Quand, inquiet, le maître accourt dans sa cuisine.
Vous jugez de ses cris, vous jugez de la mine
      Et du sabbat qu'il fait.
— Ah ! scélérat ! dit-il, viens que je t'extermine,
     Pour te punir de ton méfait.
— Oui, réplique le chat, sans chercher de défaite,
J'ai mérité, mon maître, un grave châtiment ;
Mais si vous aviez su me donner seulement
Le plus petit lardon du bord de votre assiette,
     Jamais je n'eusse été gourmand.

Oh ! vous, qui dépensez votre or pour un caprice,
     Ne tentez pas la pauvreté.
     C'est parfois la nécessité
     Qui fait qu'on tombe dans le vice.

IV.

LA VEILLE DE NOEL.

Quel plaisir! quel plaisir! disait avec emphase
Un enfant dont la joie est peinte en cette phrase :
    Quel plaisir! c'est Noël demain.
J'en suis sûr, car j'ai vu l'almanach ce matin.
Je mettrai mes sabots près de la cheminée,
    Et si dans la journée
Je remplis mes devoirs, j'apprends bien mes leçons,
Noël m'apportera des jouets, des bonbons.
    — Mon cher, ne crois pas davantage,
    Lui dit un de ses compagnons,
A l'erreur dont on cherche à bercer ton jeune âge.
    Ce Noël qui dans tes sabots,
    Met des présents plus ou moins beaux,
    N'est personne autre que ton père,
    Qui pour mieux t'obliger à faire
    Ce qui lui plaît de t'ordonner,

Veut bien en secret te donner
Les attrayants joujoux qui charment ton attente.
Mais si tu crains que je ne mente,
Fais semblant de dormir et ce soir tu verras
Que moi je ne te trompe pas.
Au conseil mon finot avait prêté l'oreille ;
Il remplit son rôle à merveille ;
Et comme son papa disposait sous sa main
La surprise du lendemain,
Notre élève en riant lève sa couverture
Et se moque du bon Noël
Dont il reconnaît la figure...
— Riez, lui dit alors l'ex-envoyé du Ciel,
Riez, enfant, de trop de complaisance ;
Quant à moi, je reprends mes cadeaux... Bonne nuit !
C'est à celui qui vous instruit,
S'il a des droits, mon fils, à votre obéissance
A vous donner la récompense.

Sceptiques qui n'avez aucune illusion
Et qui reniez tout, voilà votre science.
Détruisez, si Dieu veut, notre religion !
Mais ne détruisez pas les rêves de l'enfance.

V.

LA SARDINE.

Ah! quelle atrocité! s'écriait la sardine,
En fuyant l'esturgeon qui gobait sa voisine;
Ne peut-il comme nous se contenter de vers,
    Sans dépeupler notre univers?
    Si jamais je deviens baleine,
Je saurai bien punir tous les crimes des grands.
    Elle achevait à peine,
Que baleine on la voit. Le flot au loin l'entraîne;
Et pour bénir le ciel d'avoir grossi ses flancs,
La parvenue, alors, avala des harengs.

Se sent-on opprimé : l'on se pose en victime;
Acquiert-on du pouvoir : à son tour on opprime.

VI.

L'OISEAU LIBRE.

Un jeune rossignol qu'on retenait captif,
    De ses barreaux vit la porte entr'ouverte
    Et s'envola. Son plaisir fut si vif
    Qu'on l'entendit et qu'il donna l'alerte.
— Ingrat! dit son geôlier, tu fuis de la maison
Où tu trouvais biscuits, sucre, fruits à foison.
C'est moi qui te servais du grain et de l'eau claire;
Je surveillais tes jours et j'en prenais grand soin;
Enfin, pour toi j'étais un véritable père!
— De vous, répond l'oiseau, je n'aurai plus besoin;
L'horizon est mon champ, la nature est ma mère.

VII.

LES DEUX NAGEURS.

Deux hommes vigoureux,
 Vêtus à la légère,
Avaient fait le pari de passer la rivière
Dans l'endroit le plus large et le plus dangereux.
Le premier de sauter, en s'écriant : Mon frère!
 Imite-moi, courage, allons!
Mais le second nageur, homme à précautions,
A se précipiter dans le fleuve, balance;
 Il lui faut d'abord tâter l'eau.
Enfin, après l'avoir consultée à nouveau,
 Non sans trembler le champion s'élance.
Pendant ce laps de temps, l'autre a fait du chemin;
 Le dernier lutte, lutte en vain.
Tantôt se reposant, ou regardant derrière,
 Il a peine à quitter les bords;

Bref, il se consume en efforts
Et ne franchit pas la rivière.

Qui veut atteindre un but ne doit pas reculer
Ni s'amuser à calculer
Le trajet qui lui reste à faire.
Mais s'il tremble en sa route ou s'il craint de tomber,
Au moindre petit choc d'un caillou, d'une pierre,
Il est certain de succomber.

VIII.

LA SOURIS, LE MULOT ET LE SOURICEAU-VOLANT.

O Jupiter! tu sais que je n'ai rien appris
Dans le réduit obscur où je vis solitaire.
Permets, ô dieu puissant! disait une souris,
    Que de mon fils le sort diffère.
Donne-lui d'un oiseau la tournure et les goûts;
    Je veux qu'en tous lieux il voyage;
Que sans crainte il s'instruise et qu'au fond du nuage
    Il brave la foudre et ses coups.
Elle parlait encor... quand soudain auprès d'elle
S'élève dans les airs un souriceau-volant.
— Adieu! ma mère, adieu! dit-il en s'en allant;
    C'est moi qui pars à tire d'aile.
    Un vieux mulot vit les transports joyeux
De celle dont Jupin avait comblé les vœux,
    Et la blâmant : O vaniteuse mère!
De votre ambition craignez la suite amère.

14.

Quand on aime son fils on le tient sous ses yeux ;
On façonne son cœur ; on le rend doux, modeste,
    Et la nature fait le reste.
Ce n'est pas loin du sol, ce n'est point dans les cieux
    Que du ciel il verra l'ouvrage ;
    Il en apprendrait davantage
    Près de vous et de vos leçons.
    Dieu veuille que nous le trouvions
    A son retour, soumis et sage.
— N'en doutez pas, voisin, vous me feriez outrage :
    Je connais mon cher souriceau.
Jamais il n'oubliera sa mère et son berceau.
    Un mois s'écoule.... un autre passe ;
Enfin, au bout de trois notre jeune étourneau
    Se décide à franchir l'espace.
— Me voici ! — Mon enfant, je vous croyais perdu.
Ah ! combien j'ai souffert de votre longue absence !
— Un reproche, ma mère ! ai-je bien entendu ?
    Vous m'accusez d'indifférence.
Demandez-moi plutôt quelle est mon existence.
Tout le jour je sommeille et lorsque vient le soir,
Je n'ai pas un instant pour accourir vous voir.
Je reçois tour-à-tour quelque nouveau message,
Et de ce pas je vais chez certain personnage

Qui ne me permet pas de causer en chemin.
Je vous quitte, il le faut; je reviendrai demain.
  — Mon fils, l'hiver approche,
Pensez aussi pour moi dans votre heureux destin.
Et si parfois, là-haut, vous vivez de brioche,
Veuillez jeter en bas quelques miettes de pain.
Il le promit, l'ingrat, en délaissant la plage;
  Mais quand il revint de voyage,
  Ses présents furent superflus,
Depuis long-temps, hélas! la souris n'était plus.

Ce tableau, quoique noir, est pris dans la nature.
Pauvres petits bourgeois! pauvres cultivateurs!
  Qui préférez des orateurs
  Aux soutiens de l'agriculture;
Votre orgueil est souvent la source de vos pleurs;
  Mais le moraliste a beau faire,
  Chacun dit, aujourd'hui, je veux
Élever mes enfants au-dessus de ma sphère.
  Le fermier rougit de la terre,
  De la charrue et de ses bœufs,
  Et le fils rougit de son père.

IX.

L'ANE ET LES ROSES.

Faux connaisseurs qui jugez tout,
Sans art, sans finesse et sans goût,
Sachez qu'on n'est jamais ce qu'on cherche à paraître.

Un âne que l'on menait paître
Heurta sur sa route, en marchant,
Un odorant paquet de roses.
— Holà! lui dit son maître, et vois sur quoi tu poses
L'un de tes pieds. L'âne approchant
Sur le charmant bouquet ses narines enflées,
S'écrie avec dédain : Devait-on m'avertir!
J'avais jugé ces fleurs avant de les sentir;
Je n'aime pas les giroflées.

X.

L'ESCARGOT ET LA LIMACE.

Maître escargot à la limace
  Parlait un jour avec audace.
— Va-t-en, masse difforme, ô va-t-en loin de moi!
Tu ne sais que manger; c'est l'esprit de ta mère,
    Et tu vis sans savoir pourquoi.
    Il se fût montré moins sévère,
S'il avait vu plus tôt certain rustre attentif
A mettre dans un sac tous les gens à coquille.
Bien convaincu que l'homme en veut à sa famille,
L'insolent escargot devient humble et craintif.
— Ah! ma sœur, sauvez-moi, dit-il, je vous en prie,
Et perdez souvenir de ma coupable humeur;
    Je reconnaîtrai mon erreur
Si vous venez en aide à ma faible industrie...
Celle-ci consentant à préserver ses jours,
    Lui prête aussitôt son concours.

Elle avance... elle avance... et lui, restant en place,
Sans peine elle parvient à monter sur son dos,
Qu'elle abrite avec soin. L'homme arrive dispos
    Et n'aperçoit que la limace.
    — Fi de ce mets! il est trop gras.
    Puis ailleurs il guide ses pas
    En faisant la grimace.
L'escargot n'entendant aucun bruit au dehors,
Sortit de sa maison et la tête et le corps,
    Lors s'exprimant d'un air affable :
    Ma sœur, j'étais un sot,
De vous avoir jugée ignorante, incapable;
    Un bon cœur est l'esprit qu'il faut
    Pour être utile à son semblable.

XI.

L'ENFANT ET LE PAPILLON.

Le joli papillon! Ses ailes ont des yeux!
Si je le possédais, que je serais joyeux!
— Mon fils, respectez-le; sa liberté m'est chère.
— Oh! ne m'en privez pas; il est trop beau, ma mère.
Il se pose... il est là... je l'ai pris, quel bonheur!
Ah! mon Dieu! qu'il est laid... mes doigts ont sa couleur.
   — De votre peu d'expérience,
Enfant, j'avais prévu les funestes effets;
Je savais que l'insecte en perdant l'existence
   Perdrait aussi ses doux reflets.
Que sa mort vous apprenne à respecter l'ouvrage
   D'un créateur puissant et sage
Dont nul ne doit jamais pénétrer les secrets,
   Et retenez bien cet adage:
On effeuille la rose à la sentir de près.

XII.

L'HOMME ET SON OMBRE.

Un homme poursuivait son ombre
Et la trouvait toujours ou plus grande ou plus sombre.
Un sage l'avertit qu'il marcherait en vain,
Que sans cesse il verrait une ombre en son chemin.

Ce sage avait voulu désigner l'espérance;
C'est elle qui nous guide en toute circonstance,
Et qui semble parfois fuir bien loin devant nous.
Sur le seuil de la tombe où notre pied s'avance,
Le temps projette encore une ombre à nos genoux.

XIII.

LES POISSONS ET LES RUISSEAUX.

Autrefois les poissons agitèrent les flots
     D'un fleuve moins grand que la Seine,
     Pour demander au dieu des eaux
De partager le lit de leur vaste domaine,
Et de le diviser en milliers de ruisseaux.
     Neptune les comprit sans peine;
     Il savait que l'ambition
     Régit l'un et l'autre hémisphère
     Pour perdre chaque nation.
     Cependant il voulut bien faire
     Ce qu'exigeaient ces pauvres fous,
     Et, sans façon, donner à tous
     Un filet d'eau de la rivière.
     Voilà chacun propriétaire
D'un léger courant d'eau qui fuit à travers champs,
     Et voilà mes poissons contents.

Mais leur bonheur ne dura guère ;
Car un soleil d'été, se déclarant contre eux,
Dessécha les ruisseaux sous l'ardeur de ses feux.

Que cette fable vous instruise,
Partageux qui voulez que le sol se divise
En je ne sais combien de lots.
Quelle serait votre ressource,
Si vous pouviez barrer la course
Du fleuve dont le riche aime à verser les flots ?
Je ne crains pas pour vous l'astre qui nous éclaire,
Mais le besoin de ne rien faire,
L'égoïsme et mille autres maux
Suffiraient pour vous rendre insensés ou rivaux.
Où donc avez-vous vu l'égalité s'étendre ?
Le chêne altier bravant l'éclair
Ressemble-t-il au sureau tendre ?
Ou bien le roitelet qui s'élève dans l'air
De l'aigle eut-il jamais l'aile qu'il faut pour fendre ?
Non ! Chacun a son rang parmi les animaux ;
Les bois, les prés et les côteaux,
Tout dans la nature diffère,
Et si les biens étaient égaux,
Nous serions condamnés à périr de misère.

XIV.

L'AVARE ET LA PRÊTEUSE.

Certaine prêteuse sur gage
Fit un pacte secret avec maître Harpagon.
Pour un sac rempli d'or, il lui laissait, dit-on,
Prélever sur ses jours un an, pas davantage.
C'était peu, mais l'avare était déjà sur l'âge ;
    Chaque fois qu'il avait recours
    A la prêteuse infatigable,
De sa frêle existence il abrégeait le cours.
De celle-ci l'aisance était considérable ;
    Il restait toujours sur sa table
Plus de sacs qu'Harpagon n'en pouvait emporter ;
De sorte que notre homme, au lieu de s'arrêter,
Revenait à la charge et doublait l'entreprise.
A sa porte, un matin, quelqu'un frappe à grands coups...
L'avare ouvre en tremblant. Que voit-il ? ô surprise !
La prêteuse chez lui. — Quoi ! lui dit-il, c'est vous ?

La visite me plaît, car je suis sans ressource.
Il me faut pour demain, sans faute, une autre bourse.
J'ai besoin d'élever les murs de mon château.
    — Qu'est devenu, mortel insatiable,
    Le dernier sac dont je t'ai fait cadeau?
— Je le possède encor; mais il est agréable
    Pour moi de ne pas y toucher.
— Tu n'y-toucheras point, car je viens te chercher,
    Et tu n'as plus qu'une heure à vivre.
Tu m'as vendu tes jours, tu m'as livré ton sort.
    Allons! il est temps de me suivre;
    Obéis-moi... je suis la mort!

XV.

LE CHANVRE ET LE TABAC.

Honneur à celui qui travaille !

Le chanvre et le tabac, tous deux de même taille,
   Mais d'un feuillage différent,
   Se disputaient le premier rang.
— A moi seul d'occuper la chenevière entière,
S'exprimait le tabac dans son humeur altière.
   Moi, dont la fleur charme les yeux ;
   Moi, que l'on vénère en tous lieux.
Disparais loin d'ici, chanvre d'odeur maussade ;
   Je ne veux point d'un camarade
Dont la graine mûrit pour un sot perroquet.
— Abaisse, dit le chanvre, abaisse ton caquet,
Car bientôt tes discours s'en iront en fumée.
   Non, je n'ai pas ta renommée
   Ni ta fleur qui peut plaire à voir,

Mais je sais remplir mon devoir.
Tandis qu'au salon, à la ville,
Tu captives l'oisiveté,
Mon écorce souple et docile,
Se livrant au rouet qui file,
Fait de la toile en quantité.

Notre mérite naît de notre utilité.

XVI.

L'ALLUMETTE CHIMIQUE.

J'ai remplacé le briquet phosphorique,
Disait un soir l'allumette chimique,
Et je suis en tout point l'image du progrès
Qui répand la lumière et se consume exprès.
Un enfant l'entendit. Soudain, s'emparant d'elle,
Il la frotte avec soin sur son côté soufré;
Elle fume, elle éclate; une vive étincelle
Jaillit, brûle aussitôt... l'enfant est dévoré.

Nul ne sait le mal qu'il peut faire
Avant de finir sa carrière.

XVII.

LE GARDE-FEU.

Les tisons d'un foyer priaient le garde-feu
    De leur ménager plus d'espace.
    — Seigneur ! reculez tant soit peu
Sur les cendres, voyez, nous nous tenons en place.
    — Fort bien dit, messieurs les tisons ;
Mais si je m'éloignais vous sortiriez de l'âtre.

    C'est la raison qui doit combattre
    Et maintenir nos passions.

XVIII.

LA MOUCHE ET LE MIROIR.

Une mouche d'appartement,
Grosse à peu près comme les nôtres,
Mais qui croyait sincèrement
Qu'elle éclipsait toutes les autres,
En voltigeant dans un boudoir,
Vint s'abattre sur un miroir.
Pour une mouche sans pareille
Qui souhaitait fort de se voir,
C'était rencontrer à merveille
L'objet de son plus vif désir.
Or, le miroir avait deux faces ;
Mais ne sachant celle des glaces
Qu'il était sage de choisir,
Elle se mire au premier verre.
— Que vois-je ? O grand Dieu ! quel mystère !
Ce n'est pas même un moucheron

Que ce miroir rend avec peine.
Qu'il est petit! C'est un ciron,
Tel que ceux qui couvrent la plaine.
Croyez donc, en ce monde, à la sincérité!
Parlant ainsi la belle est de l'autre côté.
L'optique grossissait d'une manière énorme;
La mouche, cependant, y retrouva sa forme
Et s'envolant avec gaîté,
Cette fois, j'ai, dit-elle, appris la vérité.

Chacun a son miroir, les mouches et les hommes.
Par ce miroir j'entends
L'amour-propre des gens.
On s'y voit accompli; mais tous tant que nous sommes,
Nous avons su choisir des verres grossissants.

XIX.

LE CRAYON ET LE COMPAS.

Un crayon voyageur, celui d'un commençant,
Avait pour compagnon un compas méthodique
Dont le pas lui semblait par trop géométrique.
    Porte-mine le devançant,
Ne l'attendait jamais. Un jour sur son passage
    Il distingue un beau paysage,
Et de le rendre seul mon crayon est tenté.
— Doucement, dit alors avec tranquillité
Le compas qui se pose et soudain examine;
    Permettez que je vous dessine
Le cercle dans lequel l'ensemble doit tenir :
Car c'est fort peu de voir; il faut tout définir,
    Avant d'user son industrie.
Voilà mon rond tracé. Quelques lignes encor
    Et vous pourrez prendre l'essor.
— Non, reprend le crayon, pas tant de symétrie;

La liberté sied au génie!
Et sans plus calculer le voilà parcourant
La toile ou le papier soumis à son usage.
Un arbre est déjà fait, puis un épais nuage.
Il reste les maisons; mais son arbre est si grand
Qu'il ne mettra pas même un clocher de village.

Dans tout ce que l'on entreprend,
A l'avance, il convient de régler sa conduite.
Un compas! direz-vous, toujours à notre suite!
Quand on y pense, l'on en rit.
Ma morale vous choque, enfants! mais elle est sage;
Que l'on ait de l'aisance ou qu'on ait de l'esprit,
Il faut respecter à tout âge
Le rond que l'honneur nous décrit.

XX.

L'HORTICULTEUR ET LES TULIPES.

Un amateur de fleurs cultivait tous les ans
Une variété de charmantes tulipes
Qu'il plantait avec goût, par ordre et par principes,
Et qui faisait enfin son plus doux passe-temps.
Un jour, il entendit une tulipe blanche
Mépriser hautement chaque ognon de la planche.
— Que font à mes côtés ces fleurs d'aucun renom,
Dont la couleur trop vive ou trop mélancolique,
Offre aux regards la veuve et la rouge impudique?
Pour moi, semblable au lys et fille du bon ton
Je ne puis supporter la tulipe jonquille,
Et je hais sa nuance autant que sa famille.
Or, s'il en est ici de qui l'on soit épris,
Sans contredit, c'est moi, car moi seule ai du prix!
L'amateur lui répond : L'amour-propre t'égare,
Et si je t'écoutais, ma collection rare

Serait sacrifiée à ton ambition.
Pour toi, je n'eus jamais de prédilection ;
J'aime chaque tulipe et sa forme bizarre ;
Mais ce que j'aime encore, hé bien ! c'est l'union.
Vis donc avec tes sœurs, qu'aucune ne t'irrite ;
C'est en société qu'on acquiert du mérite.

     O vous ! jeunes littérateurs
Dont le groupe nombreux est de mille couleurs,
     N'héritez pas de la manie
De vouloir éclipser vos collaborateurs.
Exhalez des parfums d'amour et d'harmonie ;
Le fiel de la critique empoisonne les cœurs.

POÉSIES DIVERSES.

LA SŒUR DE CHARITÉ,

ou

LES SEPT ŒUVRES DE MISÉRICORDE.

Donner à manger à ceux qui ont faim.

O bonne sœur, sous ta robe de bure,
Palpite un cœur doux, noble et généreux.
Tu sais, sans bruit, sans crainte et sans parure
Trouver l'endroit où gît un malheureux.
Avec plaisir chez lui tu te reposes,
Et ses enfants baisent ta blanche main,
Lorsqu'en secret sur la table tu poses
Les mets qu'il faut pour apaiser leur faim.

A boire à ceux qui ont soif.

Si l'on t'apprend qu'une mère indigente
Va mettre au monde un fruit venant d'hymen,

16.

Soudain tu cours vers sa voix déchirante,
En priant Dieu d'abréger le chemin.
Tu vois... hélas! au sein d'une mansarde,
De la misère un tableau bien affreux!
L'œil attendri, la malade regarde
Parmi tes dons un flacon de vin vieux.

Vêtir les nus.

La bise souffle et vient sous la toiture ;
Mais tu sauras à tout remédier :
Draps protecteurs et chaude couverture
Garantiront du vent de ce grenier.
Tu sors aussi ce que contient ta bourse,
Pour subvenir aux besoins du moment ;
Et puis ailleurs tu diriges ta course,
Pour acheter du linge au jeune enfant.

Visiter les prisonniers.

Ange! tu suis parfois la sombre voûte
Du noir cachot d'un pauvre prisonnier.
Avec respect le condamné t'écoute ;
Ta voix n'est pas celle d'un dur geôlier.

Tu lui promets de calmer sa souffrance,
S'il fait l'aveu d'un profond repentir,
Et sous les traits de l'humble bienfaisance,
Se cache un Dieu qui sait le convertir.

Consoler les affligés.

Il t'a parlé de sa femme éplorée
Qui se désole auprès de trois enfants;
Vole vers eux, ta vie est consacrée
A rechercher tous les êtres souffrants.
Va consoler cette pauvre famille,
Car le destin pour elle est rigoureux;
Va la trouver pour que la joie y brille;
Tu sécheras les larmes de ses yeux.

Visiter les malades.

Le soir, rentrée en un sombre édifice,
Lieu de douleurs et de gémissements,
Dès qu'on entend tes ordres dans l'hospice,
Tu fais cesser les plaintes, les tourments.
O bonne sœur! on voit chaque malade
Qui te bénit, quand tu viens le panser;

16..

Tu ne crains pas l'odeur fétide ou fade
D'un moribond qui cherche à t'embrasser.

Ensevelir les morts.

A son chevet, près de lui tu te places,
Pour assister à ses derniers moments.
A le soigner, combien de nuits tu passes !
Ton corps frémit à tous ses mouvements.
Tu vois le râle oppresser sa poitrine,
Et son visage entre tes mains pâlir...
Lors, tu remplis ta mission divine :
Dans un linceul tu veux l'ensevelir.

HEUREUX SOUVENIRS.

Petits enfants, sur les bancs de la classe,
Vous grandirez et deviendrez instruits.
L'étude est longue et par instants vous lasse,
Mais tous les ans elle apporte ses fruits.
Un jour viendra que de l'indépendance
Vous connaîtrez à votre tour les lois.
Peut-être, alors, aurez-vous l'assurance
Que vos beaux jours étaient ceux d'autrefois.

De vos travaux appréciez les charmes ;
Ils sont basés sur vos forces d'esprit,
Et si parfois vous répandez des larmes,
Par un baiser, chez vous, on les tarit.
Le monde, enfants, qui plaint votre souffrance,
Pour l'homme fait a des baisers plus froids.

Peut-être, alors, aurez-vous l'assurance
Que vos beaux jours étaient ceux d'autrefois.

Si d'un pensum votre folle jeunesse
Regrette au jeu le temps qu'il vous a pris,
Songez, enfants, qu'un moment de paresse
Ote à l'étude un temps d'un plus grand prix.
Aimez, aimez ceux qui vers la science
Guident, par goût, votre esprit et vos doigts.
Plus tard, enfants, vous aurez l'assurance
Que leurs beaux jours étaient ceux d'autrefois.

L'ÉTERNEL A FAIT POUR LE MIEUX.

L'autre nuit je voyais en rêve
Toutes les horreurs des humains.
— Mon Dieu! disais-je, donnez trêve,
A l'audace de tous ces nains!
La vertu reste méconnue,
Le vice règne sans pudeur...
Un ange sortant de la nue
M'interrompit avec douceur :

    Rien sur la terre
    N'est à refaire,
Crois-moi, dit l'habitant des cieux,
L'Éternel a fait pour le mieux.

Il ne commande pas à l'homme
D'être jaloux de son prochain ;
Il ne lui dit point : Pille, assomme,
Sois intrigant, sois assassin.

Il veut que chaque créature
Suive à son aise son penchant;
Que le ciel soit pour l'âme pure,
L'enfer pour celle du méchant.

      Rien sur la terre
      N'est à refaire,
Crois-moi, dit l'habitant des cieux,
L'Éternel a fait pour le mieux.

Il punit l'avare hypocrite
Qui va se plaindre à l'indigent,
Et qui la nuit veillant au gîte,
S'occupe à compter son argent.
Lorsque miné par la fatigue
Il meurt de faim près d'un trésor,
Dieu permet qu'un neveu prodigue
En riant dissipe cet or.

      Rien sur la terre
      N'est à refaire,
Crois-moi, dit l'habitant des cieux,
L'Éternel a fait pour le mieux.

Vous criez contre la justice,
Mortels, vous l'attaquez à tort ;
Car du bien elle est protectrice,
Du mal elle arrête l'essor.
Elle reconnaît l'innocence
Et la délivre des soupçons.
De Thémis brisez la balance,
Quand tous les hommes seront bons.

Rien sur la terre
N'est à refaire,
Crois-moi, dit l'habitant des cieux,
L'Éternel a fait pour le mieux.

Vous prétendez que la richesse
Brave l'autel, fronde les lois ;
Mais Dieu jugera, sans faiblesse,
Le pauvre, le riche et les rois.
Il saura dévoiler le crime
Qui subira maints châtiments ;
Les forfaits trouveront l'abîme
Du remords et de ses tourments.

      Rien sur la terre
       N'est à refaire,
Crois-moi, dit l'habitant des cieux,
L'Éternel a fait pour le mieux.

Les amis de la bienfaisance
Du ciel goûteront les faveurs ;
Seuls ils connaissent la souffrance
Du pauvre qui verse des pleurs.
Sois de leur nombre, reprit l'ange.
Adieu ! je rentre au firmament ;
Dieu n'entend pas que l'on se venge
Et veille sur vous constamment.

      Rien sur la terre
       N'est à refaire,
Crois-moi, dit l'habitant des cieux,
L'Éternel a fait pour le mieux.

TABLE DES MATIÈRES.

POÉSIES DIVERSES.

— PARIS —
TYPOGRAPHIE DE Mme SMITH,
R. FONTAINE-AU-ROI,
— 18 —

www.ingramcontent.com/pod-product-compliance
Lightning Source LLC
Chambersburg PA
CBHW070609100426
42744CB00006B/435